今求められる学力と学びとは

―コンピテンシー・ベースのカリキュラムの光と影―

石井英真

表紙イラスト　安田みつえ

はじめに

グローバルに人、物、情報などが行き来し、変化の激しい現代社会において、学校も「改革」への要求に絶えずさらされています。学習指導要領改訂などを通じて、グローバル人材の育成、規範意識の育成、個のニーズに応じた指導、家庭や地域との連携など、社会の問題を反映した多様な要求が学校に寄せられ、教育現場の多忙化や「改革疲れ」を招いています。

現行の二〇〇八年版学習指導要領では、「言語活動の充実」を通して「活用する力」や「思考力・判断力・表現力」を育てていく必要性が提起されました。そして、次期学習指導要領に向けて、内容ベースから資質・能力（コンピテンシー）ベースへと、カリキュラムの重点をシフトすることが議論の焦点となっています。一般に「コンピテンシー」とは、職業上の実力や人生における成功に直結するような、社会的スキルや動機、人格特性も含めた包括的な能力を指します。それは、「何を知っているか」ではなく、実際の問題状況で「何ができるか」を問うものといえます。

コンピテンシー・ベースのカリキュラムをめざすということは、社会が求める「実力」との関係で、学校の役割を、学校で育てる「学力」の中身を問い直すことを意味します。労働や社会生活の知性化や流動化が進む中で、「コンピテンシー」概念は、特定の職業に固有のものというより、教科・領域横断的で汎用的なものを中心に捉えられる傾向にあります。各教科の授業で、また学校教育全体で、そうした汎用的スキルをどう意識的に育てていくのかが問われているのです。

「言語活動の充実」「活用する力」の次は「コンピテンシー」だといった具合に、学習指導要領の改訂によってキーワードは変わるかもしれませんが、一連の改革が対応しようとしている状況自体が変わるわけではありません。そして、経済界が求める人材像を相対化する視野をもって「コンピテンシー」概念を捉えるならば、よりよく生きていくこととの関係で教科の内容や学校での学びのあり方を問い直す可能性も生まれるでしょう。しかしそれは、受け止め方を誤れば、実践の混乱やさらなる改革疲れを招きかねません。

目先の「改革」に翻弄されずに、教師一人ひとりが自分の頭で、めざすべき学力や学びや授業のあり方を考えていくには、「改革」の背景にある社会の変化、およびそれに伴う学校に期待される役割の変化といった、根っこの部分（社会と教育の構造変容）をつかんでおく必要があります。本書では、そうした「改革」に翻弄されないために知っておくべき根っこの部分を解説するとともに、今どのような学力や学びをめざすべきなのかについて論じます。これにより、「コンピテンシー」や「資質・能力」重視といった言葉で進められようとしている、「劇薬」的な改革を「毒」ではなく「薬」として生かしうる道筋を示したいと思います。

第一章　コンピテンシー・ベースへのカリキュラム改革をどう見るか

1　「学力向上」政策は何をめざしてきたのか

教科内容の削減や「総合的な学習の時間」の創設を盛り込んだ一九九八年版学習指導要領が発表されて間もなく、「学力低下」を危ぶむ声が高まり、また、「PISAショック」（経済協力開発機構〔以下、OECD〕による国際学力調査〔以下、PISA〕の二〇〇三年調査で読解力の順位が八位から一四位に下がった）もあり、二〇〇〇年代に入って教育改革のスローガンは「ゆとり教育」から「学力向上」へとシフトしていきました。

PISAは、現代社会が求める知識・技能を活用する力を評価しようとするもので、たとえば、「落書き」についての賛成意見と反対意見を読み比べて、自分の考えを論述する読解の問題、グラフの一部分を示して盗難事件が激増したとするテレビレポーターの解説の不適切さを、根拠を明らかにしながら説明する数学の問題などが出題されています。

二〇〇七年から始まった「全国学力・学習状況調査」（以下、全国学力テスト）は、「知識」問題（A問題）と「活用」問題（B問題）で構成されています。そして、二〇〇八年に改訂された学習指導要領では、「習得」「活用」「探究」をキーワードとする「確かな学力」観（「総合的な学習の時間」等において教科横断的で問題解決的な「探究」活動を組織するとともに、教科学習においては、基礎的・基本的な知識・技能の「習得」と、知識・技能の「活用」を通した思考力・判断力・表現力等の育成を「車の両輪」として重視する）が示されました。さらに、指導要録の「観点別学習状況」欄の観点も、「思考・判断」の部分が、「思考・判断・表現」「技能」へと変わりました。

このように、「確かな学力」観の下での「学力向上」政策の特徴は、「知識・技能」でも「関心・意欲・態度」でもなく、「知識・技能を活用して課題を解決するために必要な思考力・判断力・表現力等」（活用する力）が重視されている点にあります。さらに、思考力・判断力・表現力については、各教科の内容を活用して思考し判断したことを、記録・要約・説明・論述・討論といった言語活動（図・グラフ、構想や設計なども含む）を通じて評価することとされており、思考力と表現力とを、そして、思考することとコミュニケーションすることとを一体のものとして指導し評価していく方向性が示されたのです。

以上のように、「学力向上」と言っても、読み・書き・計算のドリル学習のみが推奨されているわけではなく、知識を習得すること以上の能力（知識を使いこなしたり創造したりする力）を育てる、思考し協働し表現する活動がめざされているわけです。そこには、ＰＩＳＡ調査の出題形式や学力（リテラシー）観の影響を見て取ることができます。

２　「学力向上」政策の先に来るものとは

近年、先進諸国の教育目標において、教科の知識・技能に加えて、教科固有、あるいは教科横断的な「資質・能力」を明確化する動きが見られます。そこでは、批判的思考、意思決定、問題解決、自己調整といった高次の認知的スキルに加え、コミュニケーションと協働といった社会的スキル、さらには、思慮深さ、自律性、協調性、責任感等の人格特性・態度も挙げられています。しかもそれは、初等・中等教育から高等教育、職業教育にわたって、共通に見られる傾向です（松下、二〇一〇）。

たとえば、ＯＥＣＤのＤｅＳｅＣｏ（Definition and Selection of Competencies）プロジェクトが示した「キー・コンピテンシー（key competency）」は、①相互作用的に道具を用いる力、②社会的に異質な集団で交流する力、③自律的に活動する力の三つで構成されています（ライチェン&サルガニク、二〇〇六）。キー・コンピテンシーはＰＩＳＡの背景となっている枠組みで、ＰＩＳＡはキー・コンピテンシーの①の要素の一部を評価するものとされています。また、米国の企業関係者や教育関係者の提起した「21世紀型スキル（21st Century Skills）」では、教科の内容知識に加えて、学習とイノベーションのスキル（創造性とイノベーション、批判的思考と問題解決、コミュニケーションと協働）、情報・メディア・テクノロジースキル、生活とキャリアのスキルが挙げられています（図１）。

二〇〇〇年代に入り、日本でも、初等・中等教育においては、ＰＩＳＡリテラシーを意識して、知識・技能を活用して課題を解決する思考力・判断力・表現力等の育成に重点が置かれるようになりました。また、高等教育でも、「学士力」や「社会人基礎力」といった形で、汎用的スキルの重要性が主張されています。たとえば、二〇〇六年、経済産業省が提起した「社会人基礎力」では、職場や地域で活躍する上で必要となる力が、「前に踏み出す力」（一歩前に踏み出し、失敗しても粘り強く取り組む力）、「考え抜く力」（疑問を持ち、考え抜く力）、「チームで働く力」（多様な人々とともに、目標に向けて協力する力）という三つの力で整理され

図1 21世紀型スキルの枠組み

［出典］PARTNERSHIP FOR 21ST CENTURY SKILLS（http://www.p21.org/our-work/p21-framework）

ています（経済産業省、二〇一〇）。そして現在、学習指導要領で内容のみならず、教科横断的な汎用的スキルなどの「資質・能力」も明確化し、系統立てて指導したり評価したりしていくことや、大学に進学したり職場や社会に出たりしたときに実際にうまく学んでいける力（能力面での準備性：大学やキャリアへのレディネス）を問うような入試や高大接続システムの構築といった具合に、教育課程編成とその評価において、能力（コンピテンシー）ベースの方にシフトする動きが本格的に進もうとしています。

国立教育政策研究所（以下、国研）は、今後の教育課程編成で育成が求められる資質・能力として「21世紀型能力」という枠組みを提起しています（図2）。「21世紀型能力」は、「生きる力」としての知・徳・体を構成する資質・能力から、教科・領域横断的に学習することが求められるものを抽出するとともに、「思考力」（一

図2　「21 世紀型能力」の枠組み

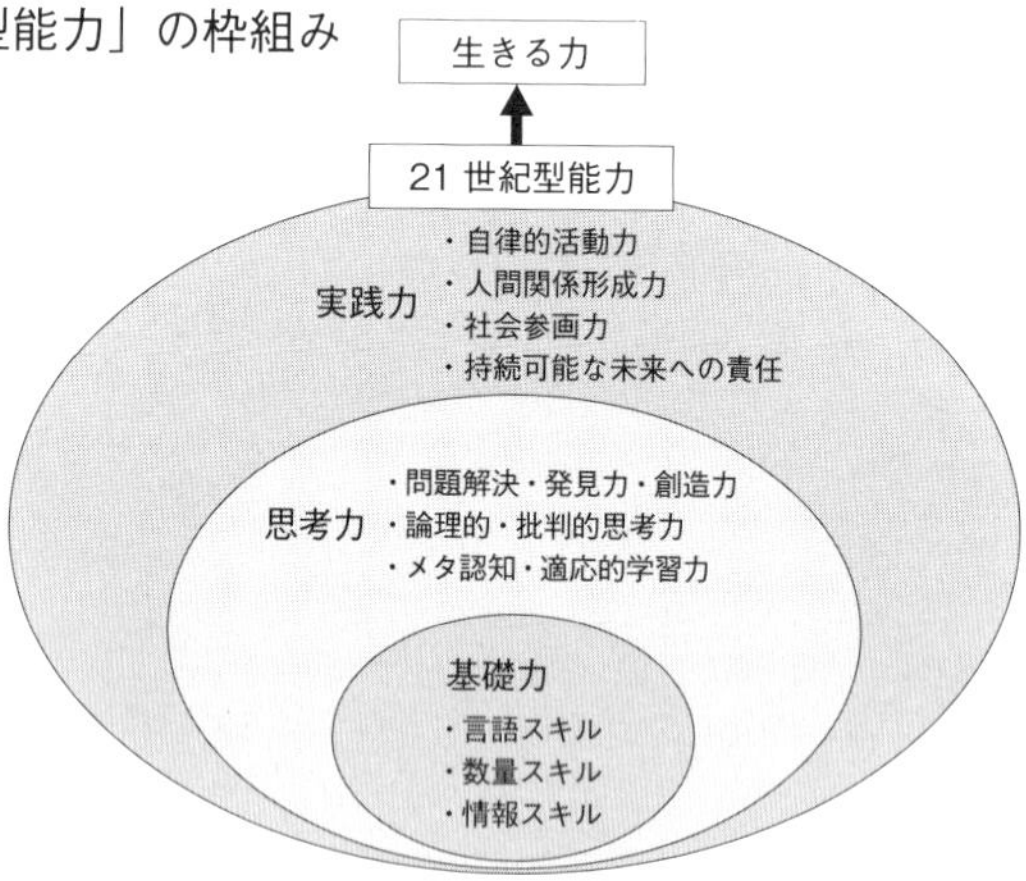

［出典］国立教育政策研究所，2013，26 ページ。

表1　資質・能力に対応した目標・内容について

ア）教科等を横断する汎用的なスキル（コンピテンシー）等に関わるもの
　①汎用的なスキル等としては，例えば，問題解決，論理的思考，コミュニケーション，意欲など
　②メタ認知（自己調整や内省，批判的思考等を可能にするもの）
イ）教科等の本質に関わるもの（教科等ならではの見方・考え方など）
　例：「エネルギーとは何か。電気とは何か。どのような性質を持っているのか」のような教科等の本質に関わる問いに答えるためのものの見方・考え方，処理や表現の方法など
ウ）教科等に固有の知識や個別スキルに関するもの
　例：「乾電池」についての知識，「検流計」の使い方

［出典］「育成すべき資質・能力を踏まえた教育目標・内容と評価の在り方に関する検討会―論点整理―」，2014。

人ひとりが自ら学び、判断し、自分の考えを持って他者と話し合い、考えを比較吟味して統合し、よりよい解や新しい知識を創り出し、さらに次の問いを見つける力）を中核とし、それを支える「基礎力」（言語・数量・情報を道具とし、目的に応じて使いこなす力）と、使い方を方向づける「実践力」（日常生活や社会、環境の中に問題を見つけ出し、自分の知識を総動員して自分やコミュニティー、社会にとって価値のある解を導くことができる力、およびその解を社会に発信し、協調的に吟味することを通して、他者や社会の重要性を感得できる力）の三層で構造化しています。さらに、二〇一四年三月に出された「育成

すべき資質・能力を踏まえた教育目標・内容と評価の在り方に関する検討会」の論点整理（以下、「論点整理」）では、学習指導要領の中身を表1のような項目で整理し直すことが提起されています。

3　コンピテンシー・ベースのカリキュラムの危険性と可能性

今やPISAリテラシーからキー・コンピテンシーへと、より包括的で全体的な資質・能力へと、教育関係者の関心がシフトしてきています。価値観やライフスタイルの多様化、社会の流動化・不確実性の高まりを前にすると、どのような社会になっても対応できる一般的な「〇〇力」という目標を立てたくなります。しかし、創造力、コミュニケーション能力、さらには人間力等、「力」をつけて目標化すれば教育を通じて形成可能かのように思う風潮には注意が必要です（本田、二〇〇五）。

「〇〇力」自体を直接的に教育・訓練しようとする傾向は、思考の型はめによる学習活動の形式化・空洞化を呼び込む危険性をはらみますし、教育に無限責任を負わせることにもなりかねません。また、資質・能力の重視が、アクティブで社交的であること等、特定の個性や人柄を強制したり、日々の振る舞いすべてを評価・評定の対象にしたりすることにつながるなら、学校生活に不自由さや息苦しさをもたらしかねません。さらに、コミュニケーション能力など、全人的な能力であればあるほど、それは生まれ落ちた家庭の初期環境に規定される側面が強くなるため、学校教育が既存の社会的・経済的格差を拡大する傾向を助長することになりかねません。

その一方で、より包括的で全体的な資質・能力を重視する傾向には、下記のような可能性を見いだすことも

表2　コンピテンシー・ベースのカリキュラムの危険性と可能性

危惧される点	可能性として展開すべき点
「○○力」という言葉を介して教育に無限責任を呼び込みかねない。	「学力向上⇒教科の授業改善」という狭い図式を問い直し，教科外活動も含め，カリキュラム全体で人間形成を考えていく可能性。
教科横断的な汎用的スキルを位置づけることで，活動主義や形式主義に陥る。特に，思考スキルの直接的指導が強調され，しかもそれが評価の観点とも連動するようになると，授業過程での思考が硬直化・パターン化し，思考する必然性や内容に即して学び深めることの意味が軽視される。	認識方法面（プロセス）からも目標を捉えることで，内容をきっちり習得させねばならないという結果へのこだわりをゆるめ，学習者の試行錯誤を許容することがしやすくなる。どういう形でのダブル・スタンダード状態であれば，活動主義や形式主義に陥らずに，教科の本質をともに深め合う（教科する）授業を生み出すことができるのかを検討すべき。教科固有の見方・考え方（プロセス的な内容知）の明確化で十分なのか。むしろ教科内容と並行して汎用的スキルを意識した方がよいのか。

※「資質・能力」は，レントゲン写真のようなものであって，そのもとになった社会像や人間像を明らかにしないと，カリキュラムの内容や系統は明らかにならない。逆に，骨格のみを示すものなので，内容や活動による肉付けの仕方に幅が生まれる。
（筆者作成）

できます。「学力向上」が叫ばれる中で、教科（特に、入試や学力テストに関わるいわゆる主要五教科）の授業改善や校内研修に注目が集まる一方で、その他の教科、および特別活動や「総合的な学習の時間」が軽視される傾向が見られました。しかし、学力テストの成績は、学習者個々人の能力や教師個々人の力量だけに規定されるものではなく、教室の関係性や文化、学校の組織としての力や家庭・地域の社会環境等（「つながり」の量や質）と密接に結びついています（志水・高田、二〇一二）。ゆえに、子どもたちに真に学力を形成する上で、また、テスト成績を上げるにしても、学習や学校組織の共同性を大切にした包括的な取り組みが不可欠です。コンピテンシーや資質・能力を重視する動きは、「学力向上⇒教科の授業改善」という図式に限定された人々の視野を広げ、教科と教科外、さらには学校外の学びの場も視野に入れて、子どもたちの学習環境をトータルに構想する機会としても位置づけうるでしょう（表2）。

4　コンピテンシー・ベースのカリキュラムをどう受け止めるか

コンピテンシー・ベースのカリキュラムへのシフトに伴う危険性を回避し、現代社会が求める資質・能力を実質的に形成するための留意点は以下の三つのようにまとめられるでしょう。

> 1　資質・能力やコンピテンシーを構成するカテゴリーよりも、それを導き出すもとになった、めざす人間像や社会の中での活動のイメージに注目する。

「変化の激しいグローバル社会・知識基盤社会（社会の特徴）では、他者と協働して粘り強く正解のない問題を解決する力（一般的な心理特性）が求められる」といった説明をよく見かけます。しかし、一般的な心理特性（抽象的な資質・能力のカテゴリー）のみに着目していても、そこからカリキュラム（どのような内容・テーマや学習経験を順序立てて組織すればよいのか）は明らかになりません。なぜなら、キー・コンピテンシーなどの資質・能力のカテゴリーは、めざす経済人や市民の具体的な姿から、大まかな骨格だけを抽象したレントゲン写真のようなものだからです。そこでは、社会像や人間像に関わる立場の違いが捨象され、最大公約数的な特徴がニュートラルで心理的な言葉で整理されています。

「社会の特徴」と「一般的な心理特性（資質・能力）」の間をつなぐ、社会像や人間像を検討することこそが重要です。「○○力」一般を問うのではなく、現代社会や未来社会に関する議論の上に、そこで求められる具体的な文脈と活動様式を明らかにすること、そうした活動の中で、各教科の知の枠組み（見方）や思考法（考え方）がどう位置づいているのかを問うこと、そして、それをふまえて各教科の目標・内容を再考したり、教科横断的なテーマや活動を設定したりすることが必要なのです。

2　学校でできること、すべきことに限定して、学校が保障すべき「学力」の内実を考えつつ、学校カリキュラム全体でどう受け止めるかを考える。

現代社会で必要とされる全体的な資質・能力は、学校だけで、ましてや教科学習だけで実現できるものではありません。この点に関して、キー・コンピテンシーが示す協働や自律に関わる社会的能力の育成について、日本では教科外活動の中で取り組まれてきた蓄積があることをまず想起すべきです。

社会で求められる「実力」の中核にある協働や自律の力を育む上で、結果に対する責任を伴うまとまった仕事（プロジェクト）を任せられ、それをなんとか成し遂げた経験は重要です。先輩からさまざまな助言や指導をもらい見守られながら、自分の持てるものをフルに使って背伸びしながら、仲間と一緒にチームとして協働する中で、また、自らが先輩として後輩を見守り指導することを通して、段取り力、チームで問題解決に取り組む力、リーダーシップなどの「実力」の素地も自ずと身についていくわけです。学級会や生徒会の活動、クラブ活動、体育祭や文化祭などの行事の企画・運営に携わる中で、そういった経験をした人も多いでしょう。

教科外活動の実践の蓄積を、現代社会が求める人間像や資質・能力という観点から、また、学校外の地域の人間形成機能で弱まっている部分（例：子ども会での異年齢集団での自治や学び）を可能な範囲で補うという観点から検討し、その現代的なあり方を再考することが必要です。

なお、教科や教科外の活動において、「つまずき」（失敗やうまくいかない体験）を自分で、あるいは自分たちで乗り越える経験が、子どもたちの能力や意欲や責任感を育んでいきます。そうした学習機会を保障するには、教師の側にもつまずきを見守れる余裕が必要であり、それは学校や教師に対する家庭や地域の信頼なくしては生まれません。そうした有形無形の条件整備が重要です。

3　思考スキルや社会的スキルといった資質・能力（コンピテンシー）の直接的指導よりも、思考しコミュニケーションする活動が自ずと生じる課題設定や場づくりを優先する。

知識を活用したり創造したりする力といった、現代社会が求める高次な認知的能力の育成については、「総合的な学習の時間」と関連付けながら、特に中等教育においては「レリバンス（relevance）」（学ぶ意義や有効性）をより意識しながら、教科学習のあり方を問い直していくことが求められるでしょう。

たとえば、ドリブルやシュートの練習（ドリル）がうまいからといってバスケットの試合（ゲーム）で上手にプレーできるとは限りません。ゲームで活躍できるかどうかは、刻々と変化する試合の流れ（本物の文脈）の中でチャンスをものにできるかどうかにかかっており、そうした感覚や能力は実際にゲームをする中で可視化され、育てられていきます。しかし、従来の学校教育では、子どもたちはドリル（知識・技能の訓練）ばかりして、ゲーム（学校外や将来の生活で遭遇する本物の、あるいは本物のエッセンスを保持した活動：真正の学習〈authentic learning〉）を経験せずに学校を卒業することになってしまっているのではないでしょうか。

ただし、知識を活用したり創造したりする力は、そうした一般的な能力があると仮定し、その形式を訓練することによっては育ちません。それは、学習者の実力が試される、思考しコミュニケーションする必然性のある文脈において、共同的で深い学習（真正の学習）に取り組む中でこそ育てられます。そして、「真正の学習」を通して、その分野の内容知識や思考力、さらには、その分野の本質（より善い活動）を追求しようとする態度は、一体のものとして育っていくのです。

「くらべる」（比較）、「似たような場面を考える」（類推）といった一般的な思考スキルの多くは、深く思考しているときに自ずと生じるプロセスから事後的に抽出されたものです。ゆえに、思考スキルを教えたからといって深く思考できるとは限らないし、また、自転車に自然に乗れている人が、なぜ乗れているかを意識しすぎてかえって乗れなくなるように、「思考スキルを使って考える」ということを意識させすぎると、むしろ思考することを阻害することもあります。特に思考スキルが評価の観点と結びついた場合には、結論・データ・理由付けで主張が組み立てられているか、ピラミッドチャートやボーン図といった思考のための手立てが効果的に使われているかといった視点で、授業過程の子どもたちのノートの記述や発言を事細かにチェックすることにもなりかねません。思考力を育てるには、考えたくなる状況や深く思考する必然性をどう創るかがまずは重要です。思考スキルは、そうした思考する活動が生起したときに、その経験を自覚化するものとして導入していくことが肝要でしょう。

以下の部分では、これら三つの留意点に即して、さらに詳しく説明していきたいと思います。

第二章　めざす社会像と人間像から学力像をどう描くか

1　経済界が求める人材像とは

学校教育におけるコンピテンシー重視の背景には、大人社会での能力要求があります。ここでは、現代社会の本質的特徴を明らかにしつつ、そこで求められる人間像をどう描けばよいのかを考えます。

ポスト近代、後期近代とも呼ばれる現代社会は、経済という面から見ると、グローバル化、知識経済（知識基盤社会）、情報技術革新が密接に関係しながら進行している社会です。国境を越えて人、物、情報等が行き来するグローバル化は、工業経済から知識経済への転換と結び付いています。従来の工業経済では物的資本（建物や設備など）への投資が富を生み出してきたのに対して、知識経済では人的資本（情報や知識を活用し創造する個人やチーム）への投資が富を生み出します。これらは、情報技術革新による、知識のデジタル化、ウェブを通じたネットワークの形成と関係しています。

さらに重要なのは、コンピュータをはじめ情報通信技術（ＩＣＴ）の急激な進歩が、人間から仕事を奪いつつあるということです（新井、二〇一〇）。すでに手工業や単純労働（定型的な身体労働）で機械化は進んできましたが、ホワイトカラーの認知的な労働でも、定型的な部分でコンピュータによる代替が進もうとしています。特に先進国において、労働市場は、人間にしかできない創造的な仕事（問題発見、研究、デザイン等の高次の思考、異質な他者との協働・交渉、マネジメント等の複雑なコミュニケーション）への需要を高めています。

ここまでで述べてきた知識労働者のイメージは以下のようにまとめられるでしょう。自身の頭脳とデジタル機器を使って、知識・技能や高次の認知的なスキルを複合的に駆使して、決まった解法や正解のない非定型的な問題を、多くの場合チームで解決していく。それは、プロジェクトのために集まった、さまざまな国や地域の、また、専門分野も異なる者たちのチームであり、しばしばデジタルネットワークを通じてコミュニケーションを取りながら問題解決を遂行していく。こうした知識労働者に求められる労働や活動の様式と、先述の「21世紀型スキル」（図1）の枠組みとはぴったり符合することがわかるでしょう。

さらにグローバル化は、知識や社会の変化を加速度的に進めるため、生涯に転職を複数回経験することが一般的となっていきます。そのため労働者は、生涯にわたり学び続けていくことが求められるようになります。生涯学習や職業訓練は、社会保障という面でも重要になってくるわけです。生涯にわたり学び続けていく力は、それがあれば生き方の幅が広がる「よりよく生きるための力」というより、それなくしては生存の基盤が保障されない「生き抜くための力」となりつつあるのです。

2 「経済競争を勝ち抜く人材」像を超えるには

ここまで、経済的側面からポスト近代社会が求める人間像について述べてきました。しかし、先述の知識労働者のイメージは、経済競争を勝ち抜く人材というべきものであり、必ずしもすべての人に求められるわけではありません。すべての人に求められるものを明らかにするためには、市民生活という点からも資質・能力の中身は捉えられねばなりません。

グローバル化は、国家による統治機能を弱める一方で、一国を越えた国際的な協議や統治を求めます（上方統合）。逆に、国家が担ってきたパブリックな領域の分権化も進み、市民活動等への参加を通じた地域コミュニティーの再構築やローカルな意思決定・秩序の確立・民衆自治が今まで以上に重要となります（下方拡散）。

ポスト近代社会においては、洪水、凶作、疾病等の自然現象に起因するリスク以上に、環境汚染、原子力、遺伝子組み換え、情報技術等に関わるリスク、すなわち、科学や技術が進歩することで生じる人工リスクをどう判断し対処するかが重要になります。しかし、それらのリスクについては、専門家の間でも意見が分かれており、国や自治体が示す方針も一つの判断材料にしかすぎません。そうした論争的で正解のない問題について、他者との対話や協働を通して、市民一人ひとりやさまざまなコミュニティー（地域だけでなくインターネット等でのつながりも含む）が合理的・批判的に判断し、最適解や納得解を導き出していくことが求められるのです。それは、知識経済下で生み出される金融商品や情報システム等を消費者の立場で賢く利用することとも関わるでしょう。

経済成長の時代においては富の分配が議論の中心でした。そもそも分配の問題すら考える必要がなかったかもしれません。しかし、低成長時代（社会の成熟段階）においては、リスクの分配が議論の焦点となり、科学的認識に裏付けられた判断力や政治参加の能力（市民の科学的・政治的リテラシー）、民主主義の成熟が不可欠の課題となるのです。それは経済成長や科学技術の進歩や利便性の追求を至上の価値とする生き方や社会のあり方を相対化し、多文化共生や分かち合いやエコロジーなどの視点から社会を構想する課題につながるでしょう。

以上のように、ポスト近代社会においては、プロジェクト型の協働的問題解決と知識創造、ネットワークや集団の構築と自律的運営、論争的社会問題に関する意思決定と社会参加といった活動、そして、それらを確かな科学的認識と市民的教養の裏付けの上に、また、ＩＣＴ等のツールも柔軟に活用しながら実行していく能力への要求が高まっていることがわかります。

ただし、知識経済を勝ち抜く「グローバル人材」をめざすのか、経済成長がもたらす社会問題や環境問題などに「自分ごと」として取り組む「地球市民」をめざすのかによって、資質・能力やコンピテンシーの中身が大きく異なってくる点には注意が必要です。コンピテンシー・ベースのカリキュラムを構想する際には、こうした矛盾する社会像や人間像の間で、どのような方向性をめざすのか、そうした価値的な問いと向き合うことが求められます。

また、大人社会でたとえばＩＣＴの活用や異質な他者との対話による創造等が求められるからといって、学校教育のすべての場面すべての段階でそれらを強調するという短絡的な思考に陥らないことも必要です。大人社会の「実力」要求がそのまま学校教育で育むべき「学力」像となるわけではないのです。

安定した関係性の下で、継続的に系統的に認識（文化との内的対話）を深め、自分らしさ（認識枠組みや思想の根っこ）をゆっくりと構築していく。そうした静かな学びの意味（深い思考がもたらす沈黙や間）にも目を向けねばなりません。確かに、中等教育や高等教育の段階では、社会で求められる学びを意識して学校での学びのあり方を問い直すことで、学校での学びをより豊かで学びがいのあるものにしていく可能性もあるでしょう。一方で、特に初等教育段階は、基本的な身体的・精神的機能や内面世界の成立する場自体が形作られていく時期です。そうした発達段階をふまえず、大人社会でボーダーレスな思考や流動的な関係性が求められるからと、それをそのまま学校に持ち込んで、概念形成や自己意識の形成を阻害することにならないよう注意が必要です。

経済界や市民社会の要求を意識しつつも、そうしたライフスタイルに早くから慣らしていく（個人を社会化する）というよりも、将来出会う社会の荒波の中で消費されつくされないための人間性の核、いわば「人間らしさを守るための鎧」を形成していく（社会をよりよく生きる個人を育てる）。こうして、社会への参加につながる学びと、人間としての個を育てる文化的学びの両面が保障されることで、社会に適応し生き抜くだけでなく、その中で自分らしさを守り、生き方の幅を広げ、社会をよりよく生きていく力が育まれていくのです。

そもそも目の前の子どもたちは、ここまで述べてきたような現代社会をすでに生きているのであり、そのさまざまな課題や矛盾を背負って学校にやってきます。現代社会で求められるコンピテンシーについて考えることは、現場にとって遠い課題ではなく、むしろ目の前の子どもたちの生活背景や彼らの足元の課題を理解し掘り下げることと捉えるべきでしょう。

第三章　社会からの「実力」要求を学校カリキュラム全体でどう受け止めるか

1　学校教育で育成すべき資質・能力を構造化する視点とは

それでは、現代社会をよりよく生きるために必要な資質・能力を、学校カリキュラム全体でどう受け止め、保障していけばよいのでしょうか。資質・能力として挙げられるカテゴリーを分類・構造化することで考えてみましょう。

能力分類に関する先駆的業績としては、B・S・ブルーム（B. S. Bloom）らの開発した「教育目標の分類学（taxonomy）」が有名です。たとえば、「オームの法則を理解する」という目標の場合、「理解する」という言葉は多様に解釈できます。それは、「公式を覚えている」（記憶しているレベル）ということなのか、「電流、電圧、抵抗の相互関係を説明できる」（理解しているレベル）ということなのか、あるいは、「オームの法則を生活場面で生かせる」（適用できるレベル）ということなのか。ブルームらは、特定の教科内容に関する学習の深さの質的な違いを分類したのです（階層レベルとしての能力概念）。基本的にそれらは、教科内容と無関係に教育目標として設定されるものではありませんでした。これに対して、キー・コンピテンシーをはじめ、近年提起されている汎用的な資質・能力を示す枠組みは、教科内容から独立したカテゴリーによって構

【問１】 35 × 0.8 ＝（　　　）

【問２】 計算が 35 × 0.8 で表わせるような問題（文章題）を作りましょう。

【問３】 あなたは部屋のリフォームを考えています。あなたの部屋は，縦 4.2m，横 3.4m，高さ 2.5m の部屋です。今回あなたは床をタイルで敷き詰めようと考えています。お店へいったところ気に入ったタイルが見つかりました。そのタイルは，一辺が 40cm の正方形で，１枚 550 円です。お金はいくら必要でしょうか。途中の計算も書いてください。

成されています（要素としての能力概念）。このように、教育目標において「能力」概念が問題にされるときには、能力の階層レベルを指す場合と能力の要素を指す場合とがあります。ところが、しばしばこれら二つは混同されてきました。たとえば、全国学力テストの「活用」問題という場合、「活用」概念は階層レベル（学力の質）を意味しています。一方、「知識」や「態度」と併記される形で、「問題解決で既習事項を活用して課題を解決する思考力・判断力・表現力」という場合、それは学力の要素を意味しています。学校カリキュラム全体で育成すべき資質・能力の内実を、階層性の側面から整理したのが図３であり、それに能力の要素の軸を加えて整理したのが表３です。

２　能力や学習活動の階層性をどう捉えるか

目標分類学に関するこれまでの研究をふまえれば、ある教科内容に関する学びの深さ（学力・学習の質）は、図３の「認知システム」内の三重円のモデルのように、おおよそ三層で捉えることができます。具体的な内容に即して見ていきましょう。

上に挙げた三つの評価課題は、ともに「小数の乗法」という内容の習

図３　学校で育てる能力の階層性（質的レベル）を捉える枠組み

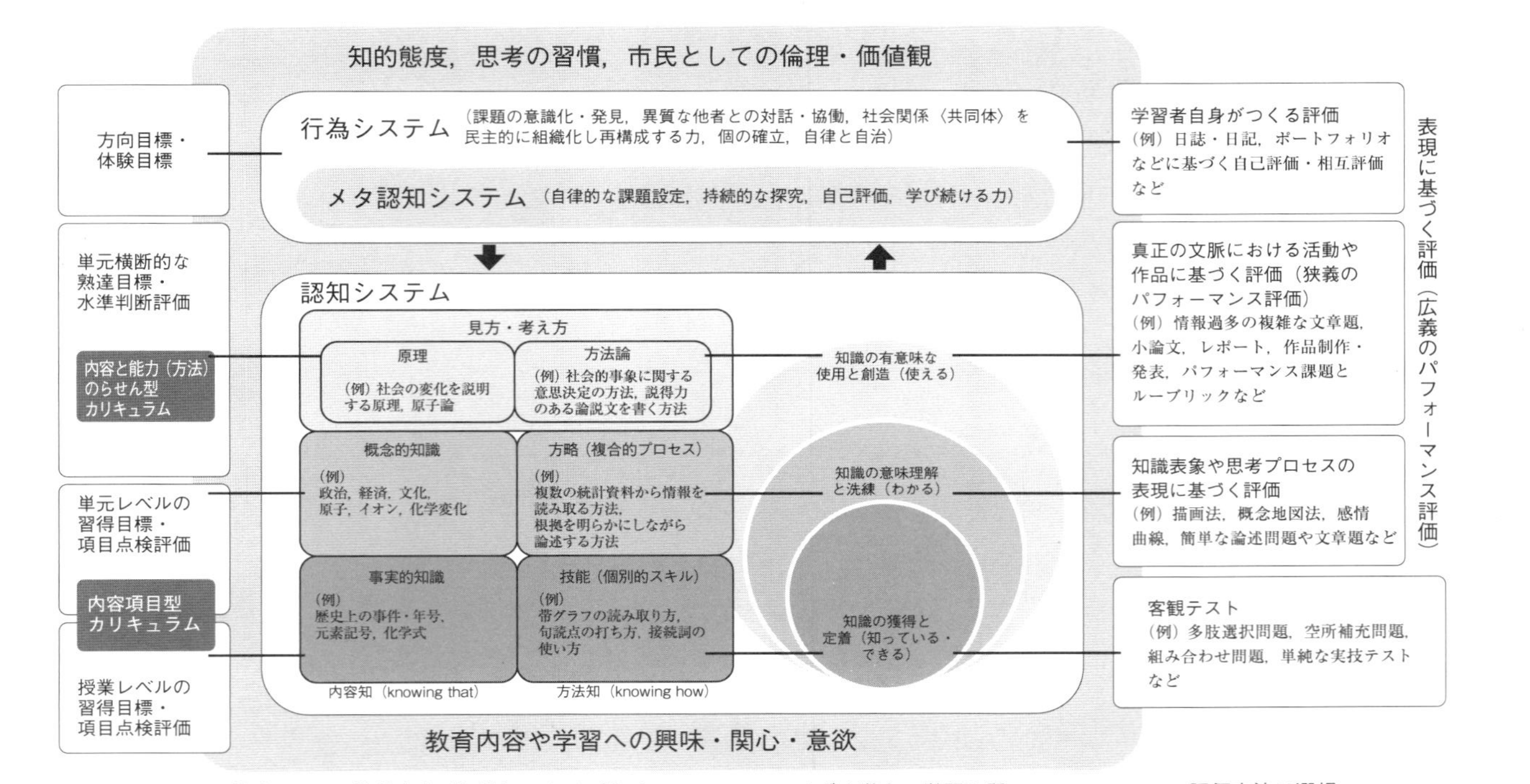

［出典］学力・学習の質の明確化の枠組みについては，R. J. マルザーノ（R. J. Marzano）の「学習の次元（Dimensions of Learning）」の枠組みに若干の修正を加えたものであり（Marzano, 1992），教科内容のタイプ分けについては，G. ウィギンズ（G. Wiggins）らの「知の構造（Structure of Knowledge）」を再構成したものである（ウィギンズ＆マクタイ, 2012）。（筆者作成）

表３　学校で育成する資質・能力の要素の全体像を捉える枠組み

	能力・学習活動の階層レベル（カリキュラムの構造）		資質・能力の要素（目標の柱） 知識	スキル 認知的スキル	スキル 社会的スキル	情意（関心・意欲・態度・人格特性）
教科学習	教科等の枠づけの中での学習	知識の獲得と定着（知っている・できる）	事実的知識，技能（個別的スキル）	記憶と再生，機械的実行と自動化	学び合い，知識の共同構築	達成による自己効力感
教科学習	教科等の枠づけの中での学習	知識の意味理解と洗練（わかる）	概念的知識，方略（複合的プロセス）	解釈，関連付け，構造化，比較・分類，帰納的・演繹的推論	学び合い，知識の共同構築	内容の価値に即した内発的動機，教科への関心・意欲
教科学習	教科等の枠づけの中での学習	知識の有意味な使用と創造（使える）	見方・考え方（原理，方法論）を軸とした領域固有の知識の複合体	知的問題解決，意思決定，仮説的推論を含む証明・実験・調査，知やモノの創発，美的表現（批判的思考や創造的思考が関わる）	プロジェクトベースの対話（コミュニケーション）と協働	活動の社会的レリバンスに即した内発的動機，教科観・教科学習観，知的性向・態度・思考の習慣
総合学習	学習の枠づけ自体を学習者たちが決定・再構成する学習	自律的な課題設定と探究（メタ認知システム）	思想・見識，世界観と自己像	自律的な課題設定，持続的な探究，情報収集・処理，自己評価	プロジェクトベースの対話（コミュニケーション）と協働	自己の思い・生活意欲（切実性）に根差した内発的動機，志やキャリア意識の形成
特別活動	学習の枠づけ自体を学習者たちが決定・再構成する学習	社会関係の自治的組織化と再構成（行為システム）	人と人との関わりや所属する共同体・文化についての意識，共同体の運営や自治に関する方法論	生活問題の解決，イベント・企画の立案，社会問題の解決への関与・参画	人間関係と交わり（チームワーク），ルールと分業，リーダーシップとマネジメント，争いの処理・合意形成，学びの場や共同体の自主的組織化と再構成	社会的責任や倫理意識に根差した社会的動機，道徳的価値観・立場性の確立

※社会的スキルと情意の欄でレベルの区分が点線になっているのは，知識や認知的スキルに比べてレベルごとの対応関係が緩やかであることを示している。
※網かけ部分は，それぞれの能力・学習活動のレベルにおいて，カリキュラムに明示され中心的に意識されるべき目標の要素。
※認知的・社会的スキルの中身については，学校ごとに具体化すべきであり，学習指導要領等で示す場合も参考資料とすべきだろう。情意領域については，評定の対象というより，形成的評価やカリキュラム評価の対象とすべきであろう。
（筆者作成）

得状況を評価するものです。しかし、それぞれの課題が測っている学力の質には違いがあることがわかるでしょう。問1は、小数の乗法の演算技能が身についているかどうかを問う課題（「知っている・できる」レベル）です。問2は、小数の乗法で答えの出せる生活場面をイメージできるかどうか問うことで、計算の意味理解を問う課題（「わかる」レベル）です。そして、問3は、数学的に定式化されていない現実世界の問題について、どの知識・技能を使うか判断し、場面から必要な情報のみを取り出して、既有知識を組み合わせて筋道立てて思考することを求めるもので、知識・技能の総合的な活用力を問う課題（「使える」レベル）です。

図3の三重円モデルは、この学力・学習の質の三つのレベルの相互関係を示しています。すなわち、「知っている・できる」レベルの課題が解けるからといって、「わかる」レベルの課題が解けるとは限らないし、「わかる」レベルの課題が解けるからといって、「使える」レベルの課題が解けるとは限りません。そして、めざす学力・学習の質に応じて、それに適した評価の方法やタイミング、そして、指導方法も異なってきます。なお、「使える」レベルの学力は、教科学習における「真正の学習」を通して育つものです。

「認知システム」を主たる指導対象とする教科学習では、基本的には内容や学習課題の大枠を教師が設定します。ゆえに、教科学習のみでは、学習の枠づけをも学習者たちが自治的・自律的に再構成し、真に自由で自立した学習を行う機会は必ずしも保障されません。しかし、学校カリキュラム全体を見れば、そうした学習機会を見いだすことができます。総合学習においては、しばしば子どもたちに課題の設定が委ねられます（メタ認知システム）。さらに特別活動等の教科外活動においては、学習する共同体の関係性やルール（文脈）自体を子どもたちが共同で再構成したり新たに構築したりします（行為システム）。行為システムは認知システムの学習の土台を形成したりそれを方向付けたりし、逆に、認知システムは認識や知性の育成を通して、行為システムの学習に確かな見通しと思慮深さをもたらします。

さらに、図3では、これらの「認知システム」「メタ認知システム」「行為システム」の背景に情意的な要素を位置づけることで、内容や活動への興味・関心・意欲に支えられつつ、知的態度、思考の習慣、市民としての倫理・価値観などによって方向づけられながら、認知的な学習や自律的な探究や自治的・協働的な活動が遂行され、またそれが情意に影響を与えるという相互関係を示しています。

3　学校で育てる資質・能力の全体像をどう構造化するか

能力の質的レベルの違いにかかわらず、学習活動は何らかの形で対象世界・他者・自己の三つの軸での対話を含んでいます（図4）。そして、そうした対話を繰り返す結果、何らかの認識内容（知識）、認識方法（スキル）が個人において形成され身についていきます。スキルは、対話の三つの軸（大きくは対象世界との認知的対話、他者・自己との社会的対話）に即して構造化できます。さらに、学習が行われている共同体の規範や文化に規定される形で、何らかの情意面での影響も受けます。表3では、それぞれの能力・学習活動の階層レベルごとに、主に関連する知識、スキル、情意（資質・能力の要素）の例を示しました。

「知っている・できる」レベルの学習であっても、何らかのスキルや情意の形成を伴い、「使える」レベルの学習も内容の学び深めと密接に関連しています。ただし、それぞれのレベルに応じて、主に求められる知識やスキルなどのタイプは異なります。図3の三重円モデルは、学力・学習の質と教科内容（知識）のタイプとの対応関係も示しています。知識のタイプについては、内容知と方法知の二種類で知識を整理するとと

図４　学習活動の基本構造

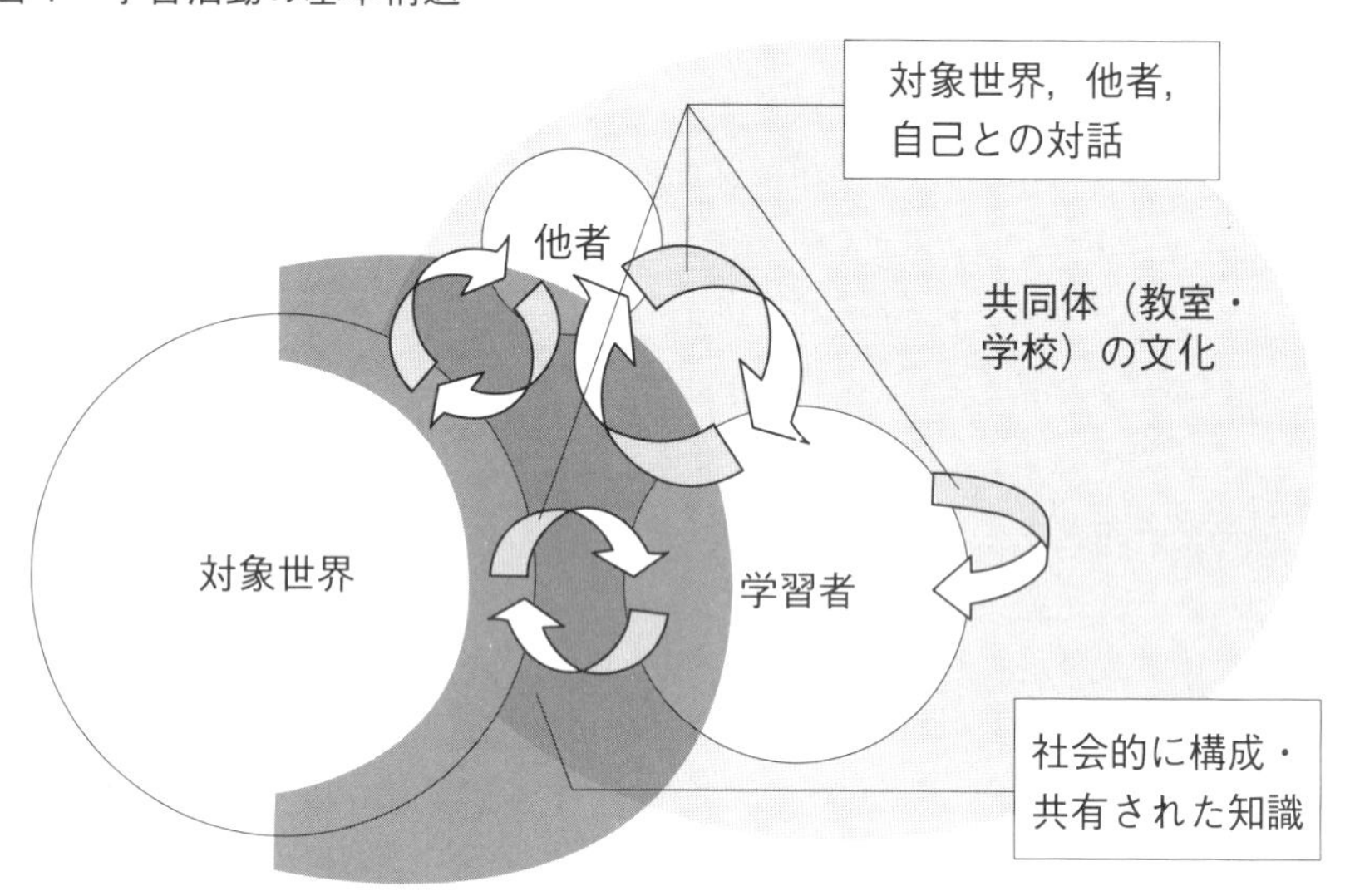

［出典］石井，2011a，275ページに若干の修正を加えた。

もに、それぞれについて、学力・学習の三つのレベルに対応する形で、特殊で断片的な知識からより一般的で概括的な知識に至る知識のタイプを示しています。「使える」レベルや「わかる」レベルをめざして行われる活動や討論が、活動主義に陥らず真に深く思考する活動となるには、事実的知識や個別的技能といった知識の断片ではなく、そうした知識を要素として包摂し構造化する一般的な概念や原理などに、教科内容は焦点づけられていなければなりません。

また、学力・学習の質的レベルをふまえると、「考える力を育てるかどうか」という問い方ではなく、「どのレベルの考える力を育てるのか」という発想で考えていかねばならないことが見えてきます。従来の日本の教科指導で考える力の育成という場合、基本的な概念を発見的に豊かに学ばせ、そのプロセスで、知識の意味理解を促す「わかる」レベルの思考力（解釈、関連付け、構造化、比較・分類、一般化・

特殊化〈帰納的・演繹的推論〉など、理解志向の思考〉も育てるというものでした（問題解決型授業）。

しかし、「折れ線グラフ」や「棒グラフ」といった個別の内容を積み上げていくだけでは、それら一つ一つをいくら豊かに学んだとしても、目的や場面に応じて使用するグラフを選ぶ経験などが欠落しがちとなります。よって、現実世界の文脈に対応して個別の知識・技能を総合する、「使える」レベルの思考力（問題解決、意思決定、仮説的推論を含む証明・実験・調査、知やモノの創発など、活用志向の思考）を発揮する機会が独自に保障されねばならないのです。

「わかる」レベルの思考と「使える」レベルの思考の違いに関しては、ブルームの目標分類学において、問題解決という場合に、「適用（application）」（特定の解法を使えばうまく解決できる課題）と「総合（synthesis）」（論文を書いたり、企画書をまとめたりと、これを使えばうまくいくという明確な解法のない課題に対して、手持ちの知識・技能を総動員して取り組まねばならない課題）の二つのレベルが分けられていることが示唆的です。「わかる」授業を大切にする従来の日本で応用問題という場合は、「適用」問題が主流だったといえます。しかし、「使える」レベルの学力を育てるには、折に触れて、「総合」問題に取り組ませることが必要です。

ＰＩＳＡの読解リテラシーが日本の国語教育に提起した課題もまさにその点でした。ＰＩＳＡ以前の従来の日本の読解問題は、与えられたテキストの内容理解（解釈）を深めるために、指示語の内容や段落構成や本文の要点を答えさせるものでした。これに対して、冒頭でも触れた「落書き」問題は、二つのまとまった量のテキストを読み比べて、自分の考えを論理的に説明することを求めるものです。従来の読解指導が「テキスト自体を目的にして読む」ことを求めていたのに対して、ＰＩＳＡの読解リテラシーは、「テキストを手段にして考える」ことを求めたわけです。実際、大学で学んだり、社会人として読書する際には、読んだ本の内容をもとに考えたり、議論したり、文章を書いたりといったように、読む・書く・話す・聞く活動が統合されています。

4　資質・能力をカリキュラム上に明示する必要性とは

「知っている・できる」レベルや「わかる」レベルの学力がめざされている場合は、教科の認識内容が目標と評価の単位となるため、内容（事実・技能・概念）ベースのカリキュラムでも不都合は少ないでしょう。これに対し、より目的意識的で複合的な「使える」レベルの学習では、課題追究の期間が長くなり、問いと答えの間が長くなるため、思考プロセス自体を意識的に育てていく必要性も生じてきます。こうして、「使える」レベルの学力・学習を追求するようになってはじめて、内容のみならず知的・社会的能力（教科固有の方法論や教科横断的な認知的・社会的スキル）もカリキュラム上で明確化する必要性が生じます。逆に、一時間を主な単位とする「わかる」レベルの学習に止まっているのに、思考スキル（分類する、比較するといった理解志向のそれ）の直接的な指導を行うことは、授業の煩雑化や形式化を招く危険性があります。

さらに、日々の学校生活や行事を通じての経験は、教師による知識やスキルの計画的指導というよりは、プログラム化できない全人格的な体験を通じて、自己の生き方・あり方に子どもたちが自ら気づいていくという側面が強くなります。こうして、能力の階層レベルがよりメタで統合的なものになるほど、カリキュラムは内容ベースから能力ベースに、さらには人格特性ベースになり、目標と評価のあり方もより方向目標的で生成的なものとなるのです。

このように、能力の階層性を意識しながらカリキュラムの領域を構成し、それぞれの階層レベルに適した指導と評価の方法、およびカリキュラムの構造化の形式を採用する。そして、「使える」レベル以上の階層レベルについては、内容とは別に資質・能力の中身を何らかの形で明示することも視野に入れて考える（明示することはそれ自体を評価対象とすることを必ずしも意味しません）。その際、問いと答えの間のより長い豊かな学習活動をどう実現するかを第一に考え、それを促しうるようなカリキュラムのあり方については、「コンピテンシー・ベースのカリキュラム」あるいは「汎用的スキル」という形まずありきで考えないことが必要でしょう。

5　国研の「21世紀型能力」について危惧される点とは

表3を念頭に置いて、先に挙げた国研の「21世紀型能力」（図2）を見直すと、そこでは階層レベルとしての能力概念と要素としての能力概念とが混在していることが見えてくるでしょう。「基礎力」「思考力」「実践力」という、要素を想起させる能力カテゴリーが階層的にモデル化されることで、「思考力」については知識や社会的スキルが関係しないような印象を与えます。またそこからは、「どのレベルの思考力を育てるのか」という問いは出てきません。その結果、先述の教科学習の現代的課題（「わかる」レベルだけでなく「使える」レベルも含む形で、教科学習において、問いと答えの間のより長い学習活動を保障していくこと）に正面から取り組むことなく、思考プロセスにおけるスキル指導だけが導入されることが危惧されます。さらに、「実践力」に方向付けられた「思考力」を強調することに関しては、特定の社会や価値観にアクティブに主体的

に関与していくような、既存の社会への批判の視点を欠いた適応的な学習を呼び込むことに注意が必要です。

他方、「基礎力」に相当する知識・技能については、思考とは関係なく機械的に詰め込むもののような印象を与えてしまいます。しかし、日本の教師たちは、いわば基礎・基本を豊かに学び合う授業を、少なからず蓄積してきました。上図のような「包」という漢字の象形文字的な段階を示し、クラスみんなで議論しながらそれがどんな漢字か推理していく。これにより、「包」という漢字が、赤ちゃんができておなかが大きくなった女性の姿から形成されてきたものだという事実を知るとともに、そうした先人の知恵や精神の結晶として「漢字」という文字の意味を理解する、といった具合です（今泉、二〇〇二）。こうした、日本のすぐれた教育実践の遺産である、生活の論理と科学の論理をつなぎ、みんなで「わかる」ことを保障する、豊かな習得型授業という実践スタイルを継承・発展していく視点も必要でしょう。

では、こうした豊かな習得型授業（「わかる」授業）の良質の遺産を引き継ぎつつも、それを超えて教科学習で「真正の学習」を成立させ、「使える」レベルの学力をめざすとはどういうことなのか。それを教科のカリキュラムと授業においてどう具体化していけばよいのか。これらの問いを念頭に置きつつ、以下の部分では、教科における新しい学びと授業の形について述べていきます。

第四章　今どのような教科の授業が求められるのか

1　教科のカリキュラムの構成はどうあればよいのか

「論点整理」において、学習指導要領の目標・内容を、「教科等を横断する汎用的なスキル（コンピテンシー）等に関わるもの」「教科等の本質に関わるもの（教科等ならではの見方・考え方など）」「教科等に固有の知識や個別スキルに関するもの」の三つで構成する案が提起されていることを第一章で紹介しました（8ページの表1参照）。これら三つの項目の関係をどう考えるかで、実際のカリキュラムのあり方が大きく左右されるわけですが、この点については、汎用的スキルを軸にしてそれを各教科に当てはめていく形よりも、各教科の本質的な内容を軸にしつつ、各教科固有の見方・考え方の中身を汎用的スキルとの関係で再検討していく形が妥当だと考えます。結論を先取りすれば、各教科の本質的な内容の精選、およびそれを深く豊かに学ぶ活動の創出という方向で、カリキュラムの再構成を進める視点が肝要です。

現行の二〇〇八年版学習指導要領でも、理科のように、各学年で重点的に指導する問題解決の能力を「比較」「関係付け」「条件制御」「推論」といった形で明示したり、社会科（公民的分野）のように、「対立と合意」「効率と公正」などの単元横断的概念（現代社会を捉える見方や考え方）を明示したり、算数・数学科のように、

表４　2008年版学習指導要領における小学校算数科４年生の「数量関係」の領域の内容構成（下線引用者）

(1) 伴って変わる二つの数量の関係を表したり調べたりすることができるようにする。
　ア　変化の様子を折れ線グラフを用いて表したり，変化の特徴を読み取ったりすること。

［中略］

(4) 目的に応じて資料を集めて分類整理し，表やグラフを用いて分かりやすく表したり，特徴を調べたりすることができるようにする。
　ア　資料を二つの観点から分類整理して特徴を調べること。
　イ　折れ線グラフの読み方やかき方について知ること。

「既習の数学を基にして、数や図形の性質などを見いだし、発展させる活動」「日常生活や社会で数学を利用する活動」「数学的な表現を用いて、根拠を明らかにし筋道立てて説明し伝え合う活動」などの算数・数学的活動を例示したりと、日々の授業での思考活動を構想するヒントとなる各教科固有の認識方法（内容領域と区別されるところの方法領域）が、部分的にではありますが明確化されています。

また、内容項目についても、「折れ線グラフの読み方やかき方について知ること」といった、個別的な項目（事実的知識や個別の技能）だけでなく、表４の下線部のように、「目的に応じて資料を集めて分類整理し、表やグラフを用いて分かりやすく表したり、特徴を調べたりすることができるようにする」といった具合に、学年を超えて繰り返し登場する、教科内の分野・領域の柱となる概括的な目標が示されていることに気づきます。社会科（歴史的分野）でも、「江戸幕府の成立と大名統制、鎖国政策、身分制度の確立及び農村の様子、鎖国下の対外関係などを通して、江戸幕府の政治の特色を考えさせ、幕府と藩による支配が確立したことを理解させる」といった具合に、「（各項目の学習）を通して、（歴

図５　「知の構造」を用いた教科内容の構造化

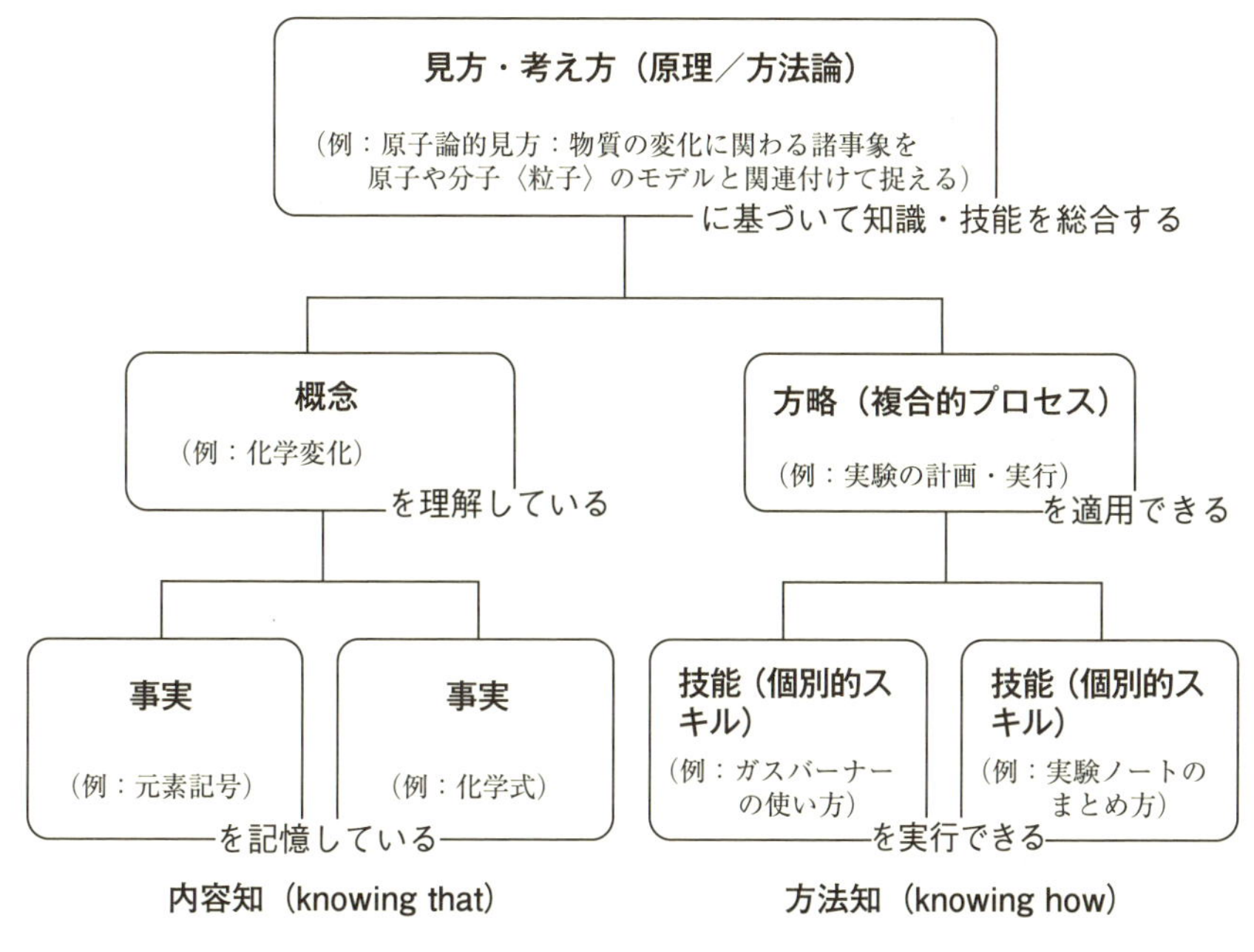

［出典］西岡・石井・川地・北原，2013，17ページの西岡作成の図に筆者が加筆・修正した。

史の流れ）を理解させる」という記述の形式をとることで、事実的知識以上に概念的知識への注目を促す工夫がなされています。

しかし実際には、こうした概括的な目標は、教科書作成のレベルでも教室での実践のレベルでもほとんど意識されることはありません。その結果、二桁同士の乗法の筆算の計算手続きを既習事項をもとに考えていくなど、毎時間の断片的な内容を対象に、教科ごとに例示された思考活動を組織化することになりがちで、学び深める必然性や時間的余裕が生み出しにくい状況です。

こうした状況に対して、各教科の本質的な内容（概念、方略、見方・考え方）を中心に、図５のような知識の類型を念頭に置きつつ学習指導要領の目標・内容を整理することは、深く学ぶべき内容を精選する出発点となるでしょう。その際、難しい内容を後の学年に送ったり、内容を量的に削減したりするのではなく、その教科において中核的で概括的な知識を軸に内容を構造化すること、そうして各教科の幹となる中心目標を明らかにすることで、結果として指導上の時間的余裕を生み出すことが重要です。

また、教科の本質的な内容を議論する際には、現代社会をよりよく生きる上で何を学ぶ必要があるのかという観点から、各教科の内容や系統が再考されるべきでしょう。たとえば、数や文字の計算の領域に重点の置かれがちな算数・数学科において、不確実性の高まる現代社会で重要性が増している「関数」や「確率・統計」を軸に内容を再検討する。あるいは、理科において、「遺伝子」「電磁波」「放射能」など、科学が生み出すリスクに関わる論争的な概念やテーマをより重視するといった具合です。PISAショックへの対応が、各教科の内容の再検討に向かわず、「言語活動の充実」という方法面の工夫として具体化されたように、現代社会の要求から学校学習を問い直すというとき、日本では、教材づくりや授業展開の構想といった、授業方法レベルでの工夫（どのように教え学ぶのか）に視野が限定されがちです。しかし、教科内容の選択と組織化といった、カリキュラムレベル（何を教えるのか）でもそれは問われねばなりません。

「論点整理」にも示されているように、包括的な「本質的な問い」（教科の中核に位置し探究を促す論争的な問い）を軸に、図6のような問いの入れ子構造を考えることは、内容の構造化に寄与するでしょう。また、たとえば、「伴って変わる二つの数量の関係を視覚的に捉え、未知の数量を予測するにはどうすればよいか」という包括的な問いで、ばらばらに学ばれてしまいがちな「一次関数」と「二次関数」での学びがつながるといった具合に、日々の授業で意識されにくい単元横断的でメタな目標・内容の存在を、教師さらには子ども自身が意識化する上でもそれは有効でしょう。

図6　「本質的な問い」の入れ子構造

包括的な「本質的な問い」
(例)「社会はどのような要因で変わっていくのか。どのように社会を変えていけばよいのか。」

単元ごとの「本質的な問い」
(例)「平安時代から鎌倉時代にかけて，社会はどのように変化したのか。」

単元ごとの「本質的な問い」
(例)「江戸時代から明治時代にかけて，社会はどのように変化したのか。」

［出典］西岡・田中，2009，11ページ。「授業での主発問」の部分は省略した。

ただし、「本質的な問い」は、第一義的には教師が指導内容を、子どもが学習内容を構造化するのを助ける問いであり、「本質的な問い」を子どもに押し付けるような授業にならないよう注意が必要です。「種子が発芽するのに必要な条件とは何か」という本質的な問いを子どもに問うてほしいなら、「（机の上にアサガオの種子を置いて）これで芽は出るかな」と問いかけるなど、思考を促す「発問」の工夫を怠ってはなりません。

2　「使える」レベルの学習の機会をどう盛り込むか

以上のように、知識を総合したり構造化したりする内容面での条件を整えた上で、各教科で例示されている方法領域や思考活動を、表3に例示した認知的・社会的スキルなどを参考に、「使える」レベルの学力・学習を意識したものへと再構築し、その内容を充実させていくことが必要です。そうして、「使える」レベルの学力・学習がめざされるなら、たとえば、主に社会科で重視される「意志決定」という思考は、理科や数学科で現実世界の問題解決を重視する活動でも生きてくるといった具合に、認知的・社会的スキルの教科横断的性格も自ずと見えてくるでしょう。

ただし、そうして仮にカリキュラムにおいて内容と別立てで方法領域（資質・能力）を示すからといって、その指導場面でも認知的・社会的スキルだけを切り離して形式的に訓練することのないよう注意が必要です。資質・能力の要素として挙げられているスキルが自ずと盛り込まれるような、問いと答えの間の長い学習活動を、そうした学びが生じる必然性を生み出すこと、その上で、学びの経験を振り返ったりまとめたりする際に、概念や汎用的スキルを意識しながら、他の内容や場面にも一般化可能な形で学びの意味の自覚化を図ることが有効でしょう。たとえば、思考する過程で自ずと出てきた、「たとえば」「つまり」「○○と同じように考えると」といった思考を深める言葉を共有していく。既習事項をもとに五角形の内角の和を求めた経験を、「五角形の内角の和の求め方」ではなく、「多角形の内角の和の求め方」を学んだ経験として、さらには「補助線を引くなどして、既習事項が使える単純な問題に帰着させる」といった汎用性のあるスキルを学んだ経験として、授業のまとめで意味付けるといった具合です。

また、認知的・社会的スキルの育成は、長期的な視野で考えねばなりません。「使える」レベルの学力を育てたいからといって、毎時間の授業で「使える」レベルの学習を組織する必要はありません。まして、認知的・社会的スキルの育ちを見る評価基準を毎時間細かく設定する必要もありません。「使える」レベルの思考を試す課題（問いと答えの間のより長い活動）は、単元末あるいは複数の単元を総括するポイントで取り組むようにするのが現実的かつ効果的です。たとえば、表5に挙げた課題例を参考に、「使える」レベルの「総合」問題に単元末に取り組ませてみたり、あるいは定期テストでそれを意識した記述式問題やレポート課題を課したりしてみることから始めてもよいでしょう。

表５　学力・学習の質的レベルに対応した各教科の課題例（中学校）

	国語	社会	数学	理科	英語
「知っている・できる」レベルの課題	漢字を読み書きする。 文章中の指示語の指す内容を答える。	歴史上の人名や出来事を答える。 地形図を読み取る。	図形の名称を答える。 計算問題を解く。	酸素，二酸化炭素などの化学記号を答える。 計器の目盛りを読む。	単語を読み書きする。 文法事項を覚える。 定型的なやり取りをする。
「わかる」レベルの課題	論説文の段落同士の関係や主題を読み取る。 物語文の登場人物の心情をテクストの記述から想像する。	扇状地に果樹園が多い理由を説明する。 もし立法，行政，司法の三権が分立していなければ，どのような問題が起こるか予想する。	平行四辺形，台形，ひし形などの相互関係を図示する。 三平方の定理の適用題を解き，その解き方を説明する。	燃えているろうそくを集気びんの中に入れると炎がどうなるか予想し，そこで起こっている変化を絵で説明する。	教科書の本文で書かれている内容を把握し訳す。 設定された場面で，定型的な表現などを使って簡単な会話をする。
「使える」レベルの課題	特定の問題についての意見の異なる文章を読み比べ，それらをふまえながら自分の考えを論説文にまとめる。そして，それをグループで相互に検討し合う。	歴史上の出来事について，その経緯とさまざまな立場の声を紹介し，その意味を論評する歴史新聞を作成する。 ハンバーガー店の店長になったつもりで，駅前のどこに出店すべきかを考えて，企画書にまとめる。	ある年の年末ジャンボ宝くじの当せん金と，１千万本あたりの当せん本数をもとに，この宝くじの当せん金の期待値を求める。 教科書の問題の条件をいろいろと変えて発展的に問題をつくり，追究の過程と結果を数学新聞にまとめる。	クラスでバーベキューをするのに一斗缶をコンロにして火を起こそうとしているが，うまく燃え続けない。その理由を考えて，燃え続けるためにどうすればよいかを提案する。	まとまった英文を読んでポイントをつかみ，それに関する意見を英語で書いたり，クラスメートとディスカッションしたりする。 外国映画の一幕をグループで分担して演じ，発表会を行う。

※「使える」レベルの課題を考案する際には，E.FORUM スタンダード（http://www.educ.kyoto-u.ac.jp/e-forum/kensyu_seika/40/）が参考になる。そこでは，各教科における中核的な目標とパフォーマンス課題例が整理されている。

（筆者作成）

これまでの教科学習では、多くの場合、単元や授業の導入部分で生活場面が用いられても、そこから科学的概念への抽象化がなされたら、あとは抽象的な教科の世界の中だけで学習が進みがちで、もとの生活場面に戻ることはまれです。さらに、単元や授業の終末部分では、問題演習など機械的で無味乾燥な学習が展開されがちです（尻すぼみの構造）。そうすると、単元の導入で豊かな学びが展開されても、結局は問題が機械的に解けることが大事なのだと学習者は捉えるようになります。

これに対して、よりリアルで複合的な現実世界において科学的概念を総合する、「使える」レベルの課題を単元に盛り込むことは、「末広がりの構造」へと単元構成を組み替えることを意味します。学習の集大成（教科の実力が試される本物のゴール）として単元末や学期の節目に「使える」レベルの課題を設定する。そして、それに学習者が独力でうまく取り組めるために何を指導し形成的に評価しなければならないかを意識しながら、日々の授業では、むしろシンプルな課題を豊かに深く追求する「わかる」授業を組織するわけです。さらには、「使える」レベルの課題を単元の最初に提示し、一単元丸ごとをその解決を軸にプロジェクト型の学習として展開することも考えられてよいでしょう。

なお、こうして「使える」レベルをめざして教科の実践を進めるに当たって、発達段階をふまえた具体化の必要性を指摘しておきたいと思います。たとえば、小学校低学年のうちは、「わかる」レベルの学習活動を軸に、生活経験をもとに基本概念を豊かに学ぶ授業が主となるでしょう。小学校中学年になり、抽象的・概念的思考の力が発達してくるに伴って、生活的概念から科学的概念への再構成のプロセス（「わかる」レベルの思考過程）を自覚化したり、知識・技能を総合する「使える」レベルの学習活動を組織したりすることが求められるでしょう。

さらに、小学校高学年から中学生になり、問いと答えの間はより長くなります。それに伴い、「わかる」レベル、あるいは「使える」レベルの思考過程自体を意識的に指導していく工夫もより求められるようになるでしょう。また、「使える」レベルの思考を活性化する「真正の学習」は、自己の生き方を問い、内面世界を構築していく思春期の生徒たちのニーズに応えるものでもあるでしょう。

3　「使える」レベルの学力をめざす「教科する」授業とは

「使える」レベルの学力をめざして「真正の学習」を追求することは、子どもたちが学ぶ意義や有効性（レリバンス）を感じられるよう、教科指導のあり方を問い直すことを意味します。学ぶ意義も感じられず、教科の本質的な楽しさにもふれられないまま、多くの子どもたちが、教科やその背後にある世界や文化への興味を失い、学校学習に背を向けていっています（勉強からの逃走）。「真正の学習」の追求は、現代社会の要求に応えるのみならず、まさに目の前の子どもたちの要求に応えるものなのです。

ただし、レリバンスの重視は、教科指導における実用や応用の重視とイコールではありません。教科の知識・技能が日常生活で役立っていることを実感することのみならず、知的な発見や創造の面白さにふれることもレリバンスの回復につながります。よって、教科指導における「真正の学習」の追求は、「教科を学ぶ（learn about a subject）」授業と対比されるところの、「教科する（do a subject）」授業（知識・技能が実生活で生かされている場面や、その領域の専門家が知を探究する過程を追体験し、「教科の本質」をともに深め合う授業）を創造することと理解すべきでしょう。

思考したり、実践したり、表現したりすることは、実際にやってみないと伸びていきません。ゆえに、「教科する」授業を創るには、まず学習の主導権を子ども自身に委ね、活動的で共同的な学びのプロセスを組織することが必要です。以下、「教科する」授業を創る上での三つの視点を示しておきましょう。

学習の文脈の真正性を追求する

第一に重要なのは、既有の知識・技能を総合して思考する必然性があり、子どもたちが取り組んでみようと思える課題を設定することです。その方法の一つとして、「問題のための問題」（思考する必然性を欠いた不自然な問題）ではなく、実際に生活や社会で直面するような状況に即して問題場面を設定する方法が考えられます（課題の真正性の追求）。また、知識・技能を導き出すもととなった史料や事象に注目することも有効です。

たとえば、「地球は丸くて動いている」という教科書の内容についても、「それをどうやって説明したらよいか」といった、子どもに考えさせたい問いの形に再構成する。さらに、「どう見たって大地は平らだし、もし大地が動いているなら、空に浮かぶ雲はみんな吹き飛んで、私たちも立ってはいられない」などと反論を投げかけてくる昔の人に向けて説明する、といった状況を設定することで、思考する必然性は高まります（奥村、二〇〇五）。

真正な課題については、たとえば、町が主催するセレモニーの企画案を町の職員に実際にプレゼンするようなものもあれば、そうした架空の場面を設定して活動させるようなものもあります。作品を発表する相手を学校の外に設定し、学校外のプロの規準でフィードバックを得る機会を設定することは、学習の真正性の程度を高め、学習者の責任感と本気の追究を生み出す有効な方法でしょう。

また、レリバンスに関わって述べたように、真正な文脈という場合、市民、労働者や生活者の実用的文脈のみに限定する必要はありません。たとえば、科学的な法則を発見したり歴史上の真理を追究したりする課題のように、研究者の専門的研究として、あるいは一般大衆の趣味や文化として、知の発見や創造の面白さにふれる学問的・文化的文脈も、真正な文脈です。つまり、学校の外の専門家や大人たちも追究に値すると認めるような問いや課題を設定できるかどうかが問題なのです。

さらに、教師が提示した真正な課題は、子どもたちにとってリアルあるいは切実な学習課題として認識されるとは限らない点にも注意が必要です。真正の課題を設定する際、（教師の目から見て）現実世界でその教科の内容が使われている場面を教材化するだけでは十分ではありません。その課題が子どもたちにとってリアリティーを持ち、学ぶ意義や切実性が感じられるものであるかを吟味したり、そうなるように課題との出会わせ方を工夫したりすることが必要です。

たとえば、「〇人に一人が高齢者に」という新聞の見出しを考えさせる算数の課題の場合、現在の高齢者の割合を考えさせるよりも、子どもたちが大人になり高齢化問題が「自分ごと」となる、二〇年後の日本について、高齢者の割合を考えさせる方が、学習者は意義を感じやすいでしょう。「学んだ知識を、実生活の場面で適用した」という形式をなぞることではなく、「自分たちにとって意味ある問題を、学んだ知識を総合して解決できた」という目的意識的な活動が成立することを大切にしなくてはなりません。各教科の知識・技能を使って考えざるをえない、自然と場面に引き込まれ思わず考え込んでしまうような文脈を教室に成立させられるかどうかがポイントです。

「使える」レベルの思考過程を子どもたちに委ねる

こうして学習課題を工夫したとしても、その解き方を教師主導で説明するだけだったり、抽象的な知識・技能の理解を助ける具体例（教科内容の典型例）として用いられたりするのであれば、「教科する」授業の成立にはつながりません。たとえば、『江戸図屏風』を中学・高校の授業で用いる場合、従来型のチョーク・アンド・トークによる一斉授業の発想だと、江戸時代の身分制について教師が説明し、士農工商それぞれの身分の具体的な生活の様子を確認する素材として屏風絵を提示するという形になるでしょう。

これに対し、「教科する」授業をめざすなら、『江戸図屏風』の用い方もたとえば次のようになります（加藤、一九九一）。〈屏風絵を見てどんな身分や職業の人が描かれているか子どもたちに自由に見つけさせる。↓鎌倉時代の『一遍上人絵伝』と比較させ、共通点と相違点を探させる。↓発見した違いがなぜ生じたのかについて、本質的かつ論理的な説明（仮説）を考えさせる。↓調べ学習やクラス討論を通して仮説を練り上げたり、検証したりさせる。↓教師から「正答」は示さず、子ども同士の支持投票で実証的で論理的で個性的な説を決める。〉

そこでは、知の創造の過程で最も重要でその醍醐味でもある仮説生成のプロセスを子ども自身が経験しています。一般に真正な課題は、正解が一つに定まらなかったり、定形化された解法がなかったりします。よって、その取り組みにおいて、子どもたちは、課題遂行にどの知識が有効か考え、時には必要な情報を収集しながら、型にとらわれずに問題場面（文脈）とじっくり対話することが求められます。そして、そうした文脈との対話においては、複数の知識・技能を用いて、数段階の下位目標を立てながら、筋道立てて課題解決に取り組まなければなりません。そして、その解決には多様な道筋が考えられます。

「教科する」授業では、そうした「使える」レベルの思考過程、いわば「正解のない問題」に挑戦するプロセスを子ども自身が遂行する機会を授業過程に盛り込むことが求められます。そして、どのような思考過程を授業に盛り込むかを考える際には、大人や専門家の真正の活動と学校での学習とを比べてみて、現在、学校では経験させていないけれど、その分野で熟達するのに欠かせない部分を経験させ指導する、という視点で考えてみることが有効です。たとえば、現実場面の問題を数学や理科の問題として切り取る、技術の木工で材料となる木材を選ぶ、まとまった量のテキストを読んで合評会をするといった活動を、教師の指導のもとで、あるいは、子どもたち同士の共同のもとで経験させ、徐々に子どもたちが独力で遂行できるようにしていくことが必要なのです。特に、「使える」レベルの課題は、一人で取り組むとお手上げということになりかねないので、グループ学習等とうまく組み合わせるとよいでしょう。課題の真正性の追求は手段であって、最終的には活動（思考過程）の真正性を追求すべきなのです。

たとえば、理科の実験も、測定手順を細かく示してその通りやらせるだけでなく、時には、テーマを決めて「〇〇と××などの材料や道具を用いて、目的となる結果を測定せよ」と指示することで、未知への挑戦を含んだ「科学する」実験となります。教師はとかく「何を提示・説明するか」と思考しがちですが、「何を提示・説明しないか（子どもたちに考えさせるか）」と指導の余白部分を意識してみるとよいでしょう。

教室に思考する文化を創る

そうして、子どもたち自身が思考する機会を授業の中に盛り込んだとしても、実際に子どもたちが学習の深さを厳しく追求しようとするとは限りません。多くの場合、子どもたちの間で活発に議論が進んだとしても、最後には、教師から教科書にある正答が示されます。また、子どもたちの自由な意見を認めるといっても、結局教師が求める意見だけが取り上げられることもしばしばです。つまり、教室において真理を決定する権限は教師と教科書に握られているのです（図7―①）。その結果、子どもたちは、物事には必ず正答があると思い込み、教師や教科書が想定する正答を推理することに傾注するようになります（正答主義の学習観）。そして、そうした推理ゲームに乗れない子どもは、授業で自分の本音を表現することを諦め、教師が正答を示すのを待つようになります。

こうした正答主義の学習観を組み替えるには、教師と教科書を中心とした関係性を崩し、子どもと教師が共に教材（対象世界）と向かい合い、真理を共同追究する（子どもたちとともに教師も「教科する」）関係性を構築する工夫が必要です（図7―②）。たとえば、先述の『江戸図屛風』の例のように、教師の正答で授業を終えない。正答を教師が最初に示してその解説を考えさせる（正答から授業を始める）。そもそも正答がない問題を提示する。あるいは、正答かどうかでなくそこに至るプロセスの発想力や説得力を評価する問題をテストに出してみることも、子どもたちの正答主義をゆさぶるきっかけになるでしょう。

少なくとも、子どもたちに意見や議論を求めるのであれば、教師のあらかじめ持っていた考えを押しつけて終わるのではなく、議論の過程で出てきた子どもたちの言葉を生かしながら授業のまとめを行うことが肝要です。教師から見て想定外の考え方、あるいは間違った答えであっても、それが思いつきの発言でない限り、その考えに至った思考過程に目を向ければ、一面の真理を見いだせるでしょうし、それを手がかりに、教師の側で理解したつもりでいた対象世界について、違った解釈の可能性が見えてくることもあるでしょう。

図７　学習者，教材，教師の関係構造

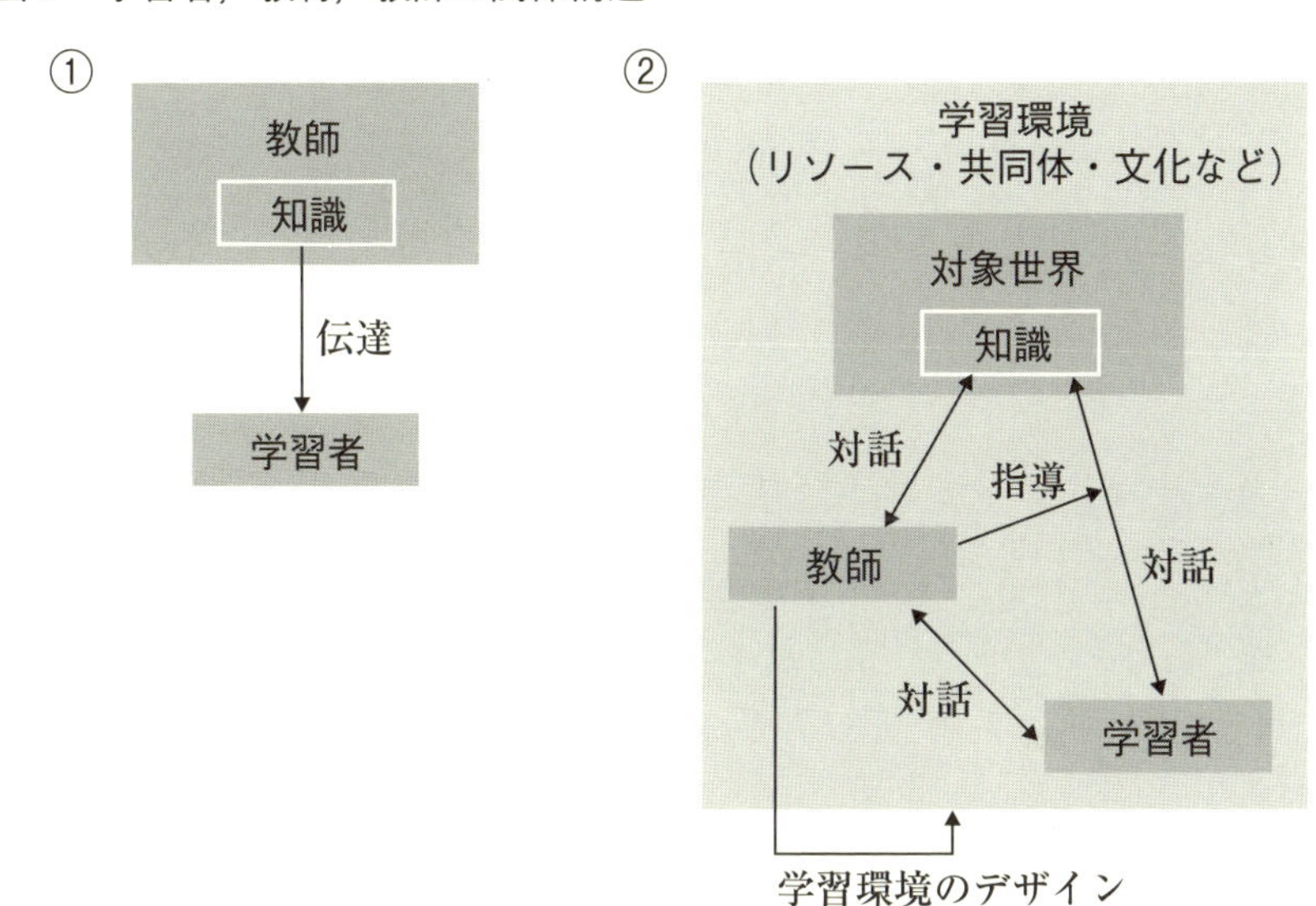

※図②において，教師と学習者は，同じ対象を共有し，共同して活動している点で対等な関係にある。一方で，図の位置関係が示すように，教師は，いわば先行研究者として，学習者の学習活動を見通し導きうる位置にある。ゆえに教師は，学習者の対象世界との対話を深めるべく直接的な指導を行ったり，時には，教師自身も埋め込まれている学習環境をデザインする間接的な指導性を発揮したりするのである。

［出典］石井，2012a，148ページ。

また、教室での教材（課題や資料）の提示位置や教師の立ち位置を、図７―②のように物理的に変えてみて、そうした立ち位置で違和感のないような授業を考えてみるのも一案です。

図７―②のような関係性において、授業は、教師の助成的介入の下で子どもたちが教材と対話する、知の共同的な追究・創造過程となります。そして、子どもたちは知の追究・創造者、いわば研究者として、また教師は、先輩研究者として、彼らと教材との対話を側面から支援する「促進者（facilitator）」として定義されます。さらに教材は、疑うことなく受容するものではなく、子どもと教師がともに対話する対象世界として、知を共同的に生み出す源泉として位置づけられることになります。

こうして、教師と教科書を中心とする教室の権力関係を編み直し、教室の規範や文化（ホンネの世界）が問い直されることで、子どもたちが主体的に深く思考することを促す、学習の深さに価値を置く「思考する文化」が形成されていくのです。

4 「言語活動の充実」や「学び合い」や「アクティブ・ラーニング」の弱点を補うには

「確かな学力」観以降広がっている「言語活動の充実」や「学び合い」や「アクティブ・ラーニング」といった学習形態レベルでの授業改善の取り組みは、「教科する」授業への入り口として生かすことができます。むしろ、「教科する」授業を意識することは、これらの取り組みが形式主義や活動主義に陥ることを防ぐ意味を持ちます。

「言語活動の充実」については、「活用」型学習を通じて育まれるべき各教科に固有の考える力を、言語能力（わかりやすく説明する力）という形式的な能力に矮小化してしまうこと、特に技能教科については、話し合い活動を取り入れることが、身体的・技術的・芸術的活動を実際にやってみてそれを豊かにしていくことと結び付いていないことが危惧されます。しかし、「真正の学習」の追求の中で適切に位置づけられるなら、言葉で思考しコミュニケーションする活動は、各教科の学習活動を豊かで質の高いものにします。

たとえば、サッカーの指導において、個人技の束ではないチーム競技としてのサッカーの性格を追求するという、「真正の学習」につながる視点があれば、戦術を相談するという言語活動を自然な形で位置づけることができます。その場合、試合でのパフォーマンスにも変化が起こります。チーム競技という意識がなけ

表6　「教科する」授業づくりへの問いと手立て

①ゴール（出口の子どもの姿）が明確にイメージできていて，それは教科の本質に迫るものになっているか
⇒子どもの言葉で授業や単元の「まとめ」を予想する。「どういう子どもの発言や記述や行動が生まれたら，この授業は成功と言えるのか」と事前に評価者のように考える（目標と評価の一体化）。ただし，計画は計画すること自体に意味があるのであり，教師の想定する「まとめ」を超える学習が生まれることをめざす。

②思考しコミュニケーションする活動を通して得られた知やスキルが個々の学習者自身のものになる機会が保障されているか
⇒〈一人学び→ペア学び・グループ学び→一人学び（より多声的な思考・リライト［練り直し］の機会）→みんな学び→振り返り（本づくり）〉といった具合に，個の学びと他者との学びとを往復する。リライトの対象となりうる，意味あるまとまった作品（思考の表現）を生み出す機会を，学習活動の中に埋め込む。

③学習活動のプロセスが本物の活動に迫るものになっているか
⇒思考する必然性のある学習課題の設定。「使える」レベルの思考を子どもたち自身に体験させる。

④教科の本質に向けて深く思考する文化が教室に成立しているか
⇒学習者が自身の学習の舵取りができるように，自己評価のものさしを豊かにする機会を持つ。

れば、サッカーの試合は個人技の束で構成され、それぞれが我先にシュートを狙うといった傾向が生じます。これに対し、チーム競技という意識で戦術の相談がなされることで、パス回しも活発になり、ゲームとしての見所が出てきます。

「学び合い」「アクティブ・ラーニング」に関しても、深める価値や余地の少ない内容について討論やグループ活動を行っていないか、みんなで共同して課題を遂行できたとしても、そこで個々人の学びが保障されているとは限らないのではないか（静かにつまずいている子がいるのではないか）、といった点に注意が必要です。表6に示した「教科する」授業づくりへの問いと手立てを意識することで、「学び合い」「アクティブ・ラーニング」の授業は、教科としても価値ある文化的な学びを実現する「教科する」授業につながっていくでしょう。

第五章　新しい学びの追求において知識習得はどう位置づけられるのか

1　活動的で共同的な授業がなぜ必要なのか

初等教育で陥りがちな、問題解決的なプロセスで授業を流すだけの活動主義では、考える力は育ちません。また、中等教育で陥りがちな、教科書のページを一方的になぞる網羅主義では、受験学力にすら届かないでしょう。活動主義にも網羅主義にも陥らないためには、知識の習得と考える力の育成とを結びつけて考えることが大切です。

「教科する」授業をはじめ、活動的で共同的な授業は、知識・技能の習得や定着とも密接に関係しています。そもそも考える力の育成は、知識の習得と不可分な関係にあります。知識なくして思考は働かないし、思考し表現する活動は、必ず何らかの知識の習得や理解を伴います。逆に、知識も、新しい知識と既有知識とをつなぐ能動的な思考なくしては獲得できません。既有知識と関連付けられず納得が得られないまま与えられた知識は、定着せずすぐはげ落ちてしまいます。知識は主体によって解釈・構成されるものであって、「知識は詰め込みたくても詰め込めない」のです（西林、一九九四）。

テスト成績に表れる知識・技能の習得状況（テスト学力）は、教える内容の量と質を前提条件としながら、授業過程において、意識を集中すべき部分に学習者が実際にどれだけ頭を使っていて、内容の意味をどれだけ構成できているかに規定されます。教師の一方的な説明による一斉授業の形態であっても、学習者に学ぶ力があれば、彼らの内面で前記のような有意味な学びが展開することは不可能ではありません[1]。

しかし多くの場合、一方的な一斉授業の形態では、教師の話を聞いて、板書をノートに写したりする行動が見られても、内面では別のことを考えていたり、そもそも思考がストップしていたりと、子どもの内的な思考の総量が十分に保障できていないのではないでしょうか。また、たとえば歴史の授業で、教師の意識としては、個別の用語よりそれらをつなぐ因果関係を強調して説明していたとしても、多くの子どもは個別の用語のみをキャッチしているといった具合に、一方的な一斉授業では、その内容の受け止め方は子どもの学び方（学習において何が大事だと思っているか）に依存することになりがちです。そして結局、歴史の因果関係を考えようとする思考の習慣がある子はよく学べるけども、そうでない子の多くは暗記に走るしかない状況になるわけです。

さらに言えば、個別の歴史的な出来事をつなぐ部分を教師が説明してしまうことは、出来事をつなぐことを子ども自身が体験する機会を奪っています。その一方で、授業中に教師の説明の一部分を虫食い問題的に答えさせたり、さらにテストでも同様の形で一問一答的な問題を出題したりすることで、歴史を学ぶことが苦手な子によく見られる、つながりを考えない習慣が強化される危険性があります。

やっていることの意味がまったくわからなくなったとき、わかった感・納得感がまったく得られなくなったとき、子どもたちは勉強についていけなくなります。そして、勉強が苦手な子は、学び方のレベルでつまずいていることが多いのです。実際に活動したり対話したりすることは、思考の成立を子ども任せにせずに、頭を使って意味を構成する実質的な機会を保障していくことや、一人ではできなくてもクラスメートと一緒ならできたという達成感や納得感を子どもたちに残していくことにつながります。また、ペアやグループなどの形で、他者とコミュニケーションをとる機会を授業に取り入れることは、学習上のセーフティーネットを形成することにもつながるでしょう（ちょっとした疑問をその場で解決できないがためにつまずくことを防ぐ）。

2　考える力の育成と知識の習得とをどう両立させるか

そうやって、頭を使い、理解や納得感を伴って授業を終えたとしても、それだけでテスト学力などの結果につながるとは限りません。授業で得た知識や経験は、「習熟」の機会（繰り返すことで自分のものにすること）を保障しないと学力として定着しません。

ただし、習熟という場合、ドリルなどをしてとにかく反復練習する（機械的習熟）だけでなく、後続の学習や生活場面で繰り返し使ったり、表現したりすること（機能的習熟）も含まれる点が重要です。漢字、元素記号、英単語について、その後の学習で繰り返し使うものはよく覚えているという具合です。実はペーパーテストも一つの表現活動であり、「教科する」授業は、知識を総合するダイナミックな表現の機会（機能的習熟の機会）を準備するものです。

知識の習得や定着は、活動や討論だけで実現できるものではありませんが、知識を使ったり表現したりすることは、知識の習得と定着の有効な方法であるという点は認識しておく必要があります。また、そのように考えることで、習熟の機会としてこれまで意識されていなかった部分を発見し、さまざまな場面で習熟の機会の総量を確保していく工夫も考えられるでしょう。

なお、先述のように、学習者の学び方のつまずきをふまえるなら、繰り返すことで、どのような学習への構えが染み付いていくのかを考慮することも重要です。たとえば、習熟場面で、どういう意識で何に注意して日々練習しているかを、教師の指導や子ども同士の学び合いにおいて検討の俎上に載せてみてもいいでしょう。

第三章で示した図3の三重円モデル（22ページ参照）は、「使える」レベルの円の中に「わかる」レベルや「知っている・できる」レベルの円も包摂されているという位置関係によって、知識を使う活動を通して、知識の意味の学び直し（わかり直し）や定着も促されることを示唆しています。こうして、図3は、「基礎から積み上げていく学び」（知識を完全にマスターした上でそれを使う目的意識的な活動を行う）だけでなく、「基礎に降りていく学び」（目的意識的な活動をしながら必要に応じて知識を学ぶ）の道筋も示しているのです。

「完全にわかりきらないと次に進むべきではない」と考えると、中学・高校でしばしば見られるように、授業は復習中心になりがちです。しかし、授業の冒頭で復習が長く続く授業は、学習者の学ぶ意欲をそぎがちであり、その後にいくら新しい魅力的な内容や教材を準備しても、すでに学習者はその日の授業に失望してしまっているということになってしまいます。しかし、前時の内容が本時の内容の前提になっているということは、見方を変えると、本時は前時の内容を使いそれに習熟する機会とみることもできます。また、最初に学んだ段階では半わかり状態で、その後の内容を学ぶことで改めてよくわかるということもあります。

たとえば、小学三年生で習うわり算は二年生で習った九九を前提としています。見方を変えると、わり算は九九を使いそれに習熟する機会とみることもできます。このように考えると、九九でつまずいている子に九九表を持たせてわり算に取り組ませるといった手立ても想定できるでしょうし、九九を学ぶ意味やその有効性を実感できる場面としてわり算を意識化させることもできるでしょう。

3 「教科する」授業の追求は日々の「わかる」授業をどう変えるか

「教科する」授業をめざすことと内容が「わかる」ことを保障することとの関係を考えるために、一つの事例を挙げておきましょう。「このペンキは$\frac{1}{3}$ dℓで$\frac{3}{5}$ m²塗れます」という「意地悪商店」の商品表示を、わかりやすく書き換えようという課題に取り組むことで、「分数÷分数」の計算の仕方を考える、豊川市立一宮南部小学校の日野秀樹教諭による小学六年生の算数の授業。子どもたちは、1 dℓあたりで何m²塗れるかを求めるために、面積図を描いたり、線分図を描いたりと、自分たちの持っている知識やツールを総動員して、グループで一枚のホワイトボードに思考の過程を思いつくままに書き、書きながら議論を展開しています（写真）。塾などで学んで逆数をかけることを知っている子がいるグループでも、また図を用いたりして一つの説明を考え出したグループでも、二〇分を超えて議論や思考が止まりません。ある方法で説明できても、「本当にそれでよいのか」とどこかに不安（すっきりしない感じ）が残り、それが未知への追求の余地を生み出しているからでしょう。

「分数÷分数」の計算の仕方を、教師がわかりやすく説明したり、教師と子

どもたちが全員で一緒に考えたりしていくなら「わかる」レベルの授業に止まりますが、子どもたちが自分たちだけで知恵を出し合って深く考えていく状況が成立するなら、「分数÷分数」の計算の仕方を考えることは、未知を追究し自分たちの解釈や説明を創造する「数学する」活動となりえます。

この授業に対しては、「わかる」レベルをめざす「教科内容を学ぶ（理解する）」授業と見た場合、以下のような概念形成上の課題を指摘することもできます。「$\frac{3}{5}\times3$」という式は出てきているが、「$\frac{3}{5}\div\frac{1}{3}$」という式は出てきていないことから考えると、1dℓあたりで何㎡塗れるかを考える場面が「分数÷分数」で答えの出せる場面として理解されていないかもしれない。逆数をかけるという方法と面積図や線分図で考える方法とがつながっていないかもしれない、といった具合です。

一方で、「使える」レベルの思考につながる「教科する」授業と見た場合には、その共同的な推論のプロセス自体が「教科の本質」に照らして価値あるものと考えることができます。また、前記の概念形成上の課題については、同様の形で「$\frac{3}{5}\div\frac{2}{3}$」の計算の仕方を考える次時において、「分数÷分数」の計算の仕方をより一般化された形でまとめることで応えていけばよいでしょう。「分数÷分数」の計算の仕方が「わかる」というレベルに止まらず、「教科する」ことにつながる学習活動が組織されていることで、むしろ「わかる」レベルまでがめざされていたときよりも、より多くの子どもに「わかる」ことを保障していく可能性が広がるのです。

すでに述べたように、「資質・能力」は、レントゲン写真のようなものであって、そのもとになった社会像や人間像を明らかにしないと、カリキュラムの内容や系統は明らかになりません。逆に、骨格のみを示すものなので、内容や活動による肉付けの仕方に幅が生まれうるのです。よって、教科内容の習得だけでなく、何らかの「資質・能力」の形成を目標として適度に意識することは、学びの価値を結果だけでなくプロセスからも捉える視点を生み出し、内容をきっちり習得させねばならないという結果へのこだわりをゆるめ、教師が学習者の試行錯誤を許容しやすくなる可能性を持っています。内容面から教科の本質を捉えるのみならず、子どもたちの活動や思考のプロセスが本物に迫るものになっているかどうかを問題にする視点が重要でしょう。そうした視点を持つことで、内容がよくわかってすっきりする「わかる楽しい授業」を超えて、学ぶことで新たな問いやさらにわからないこと（追究したいこと）の生まれる「もやもやするけど楽しい授業」への道が開かれるのです。

（1）たとえば、オースベル（D. P. Ausubel）は、最終的に身に付けさせたい内容を直接的に学ばせ（受容学習）、かつ、学習者が既有知識と関連付けて意味を構成しやすい形で学ばせること（有意味学習）、すなわち、有意味受容学習の有効性を主張した。発見学習も場合によっては機械的でありうるし、受容学習も有意味でありうるというわけである。

第六章　新しい学力と学びをどう評価していけばよいのか

1　学力の質的レベルに応じた評価方法とは

最後に、新しい学力と学びの評価のあり方について述べておきましょう。評価方法を考える際には、目標となる学力の質に応じてそれに適した方法を工夫していくことが重要です。

第三章で示した図3の三重円モデル（22ページ参照）が示すように、「知っている・できる」レベルの評価においては、重要語句の穴埋め問題や選択問題などの客観テスト、および簡単な実技テストが有効です。これに対して、「わかる」レベルの評価においては、学んだ内容をあてはめることで解ける適用問題はもちろん、「豆電球が光っているとき、電流はどのように流れているのでしょうか」と問い、学習者のイメージや説明を自由に記述させたり（描画法：図8）、歴史上の出来事の因果関係を図示させてみたりして、学習者がどのように知識同士をつないでいて、内容に対するどのようなイメージを構成しているのか（知識表象）を表現させてみることが有効です。また、日々の授業で学習者に考えさせる際に、思考のプロセスや答えの理由をノートやワークシートに残させることも、それぞれの学習者のわかり方やつまずきを把握する上で有効です。

日々「わかる」授業を大事にしてきても、評価では、「知っている・できる」レベルに重点が置かれてい

図８　描画法による「電流」概念の評価

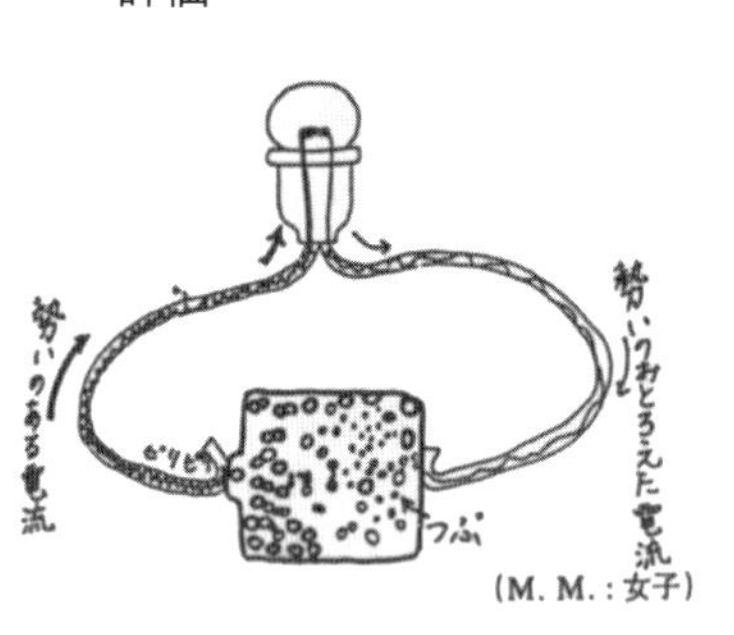

［出典］堀，1998，18ページ。

るということになってはいないでしょうか。たとえば、「墾田永年私財法は何年に発布されたか答えなさい」と問うのではなく、「次のものを年代の古い順に並べ替えよ。（ア）墾田永年私財法、（イ）三世一身法、（ウ）荘園の成立、（エ）班田収授法」（麻柄、二〇〇二）と問うことで、古代の土地制度の歴史的流れ（公地公民制が崩れていく過程）が理解できているかどうかを評価するといった具合に、客観テストも問題の工夫によって「わかる」レベルを評価するものとなります。「わかる」授業の追求と同時に、「わかる」レベルの評価についてもさらなる工夫が求められます。

２　パフォーマンス評価とは何か

「使える」レベルを評価する上で有効な方法としては、「パフォーマンス評価（performance assessment）」を挙げることができます。パフォーマンス評価とは、一般的には、思考する必然性のある場面で生み出される学習者の振る舞いや作品（パフォーマンス）を手がかりに、概念理解の深さや知識・技能の総合的な活用力を質的に評価する方法と定義できます。

一九八〇年代以降、英米では、子どもたちに実施される客観テストの結果で教員評価・学校評価が行われていました。これに対して、客観テストでは本物の学力は測れないという批判が起こり、パフォーマンス評価は誕生しました。客観テストの多くは、現実世界と切り離された無味乾燥な文脈で、断片的な知識・技能を問うものです。しかし、交通法規や運転上の留意点をいくら知っていても、上手に運転できるかは実際に運転させてみないとわからないのと同様に、教科で学んだ知識・技能を使って思考できるかどうかは実際にそれをやらせてみないとわからないというわけです。

パフォーマンス評価は、「真正の評価（authentic assessment）」とも呼ばれます。そこには「真正の学習」を通じて生きて働く学力を育て、そうした本物のリアルな文脈の中で評価を行うという意味が込められています。こうして、豊かに考える授業をしていながら評価では知識・技能の習得状況（測りやすい学力）しか問われない、というミスマッチを解消し、本物の学力に向けて目標・指導・評価の一貫性を確立することがめざされているのです。

パフォーマンス評価は、狭義には、学習者のパフォーマンスを引き出し実力を試す評価課題（パフォーマンス課題）を設計し、それに対する活動のプロセスや成果物を評価する、「パフォーマンス課題に基づく評価」を意味します。パフォーマンス課題の例としては、地元の商店街の調査を行ってその広報用リーフレットを作成する社会科の課題、あるいは、栄養士になったつもりで食事制限の必要な人の献立表を作成する家庭科の課題などが挙げられます。いわば、「真正の学習」を創出しながら、学習の過程や終末部分に思考を表現する機会を盛り込み、そこで生み出された学習の証拠をもとに「使える」レベルの学力の質を評価するのがパフォーマンス課題なのです。

またパフォーマンス評価という場合、広義には、授業中の発言や行動、ノートの記述から、学習者の日々の学習活動のプロセスをインフォーマルに形成的に評価するなど、「パフォーマンス（表現）に基づく評価」

を意味します。「総合的な学習の時間」等の評価方法としてしばしば使用されるポートフォリオ評価法も、パフォーマンス評価の一種です。テストをはじめとする従来型の評価方法では、評価の方法とタイミングを固定して、そこから捉えられるもののみを評価してきました。これに対して、パフォーマンス評価は、課題、プロセス、ポートフォリオ等における思考の表現を手掛かりに、学習者が実力を発揮している場面に評価のタイミングや方法を合わせるものと言えます。

3　行動目標に基づく評価とパフォーマンス評価とはどう違うか

子どもたちの「パフォーマンス」を評価するというと、学習者の観察可能な行動のリストを作成してそれをチェックしていくこと（行動目標に基づく評価）をイメージする人もいるでしょう。しかし、パフォーマンス評価は、そうした従来の行動目標に基づく評価の問い直しを示唆しています（表7）。第四章で挙げた図5（33ページ）も手がかりにしながら、先述のドリルとゲームの違いを掘り下げることで、両者の違いを考えてみましょう。

行動主義心理学の影響もあり、従来の行動目標は、最終的なゴールを、ドリルで機械的に訓練できる要素に分解しがちでした。たとえば、「テニスの試合で上手にプレーできる」という目標を設定したなら、その最終的なゴールは、「サーブが打てる」「フォアハンドで打てる」「ボレーができる」などの要素に、さらに「サーブが打てる」という要素は、「トスが上げられる」「トスしたボールを打てる」といったより細かな要素へと分解されます。そして、練習場面や試合などでその要素のリストが「できる・できない」でチェックされて

表7　行動目標に基づく評価とパフォーマンス評価の違い

	行動目標に基づく評価	パフォーマンス評価
学力の質的レベル	知識・技能の習得（事実的知識の記憶／個別的技能の実行） 機械的な作業	知識・技能の総合的な活用力の育成（見方・考え方に基づいて概念や方略を総合する） 思考を伴う実践
ブルームの目標分類学のレベル	知識，理解，適用	分析・総合・評価
学習活動のタイプ	ドリルによる要素的学習（プログラム学習志向） 要素から全体への積み上げとして展開し，「正解」が存在するような学習	ゲームによる全体論的学習（プロジェクト学習志向） 素朴な全体から洗練された全体へと螺旋的に展開し，「最適解」や「納得解」のみ存在するような学習
評価基準の設定の方法	個別の内容の習得の有無（知っているか知っていないか，できるかできないか）を点検する 習得目標・項目点検評価	理解の深さや能力の熟達化の程度（どの程度の深さか，どの程度の上手さか）を判断する 熟達目標・水準判断評価
学習観	行動主義	構成主義

（筆者作成）

いくわけです。

しかし、こうやって目標を細分化しても、要素の総和に解消されない最終的なゴール（ゲーム）自体の成功イメージは必ずしも明らかになりません。サーブ、フォアハンドのストローク、ボレーといった一つ一つの要素が上手だからといって、「テニスの試合で上手にプレーできる」とは限りません。逆に、サーブがうまくなくても、他の技術でそれを補うことで巧みにプレーする人もいるでしょう。「テニスの試合で上手にプレーできる」という最終的なゴールを検討する際に重要なのは、個別的な技能の何をどう組み合わせるのかに関する実践的思考の過程です。パフォーマンス評価として試合場面を位置づける場合、そうした学習者の思考過程について、問題把握の的確さ、判断の際に重視している視点の包括性や妥当性、いわばプロ（熟達者）らしい思考ができている程度（熟達度）を評価するのです。図5の「見方・考え方」

というのは、実践的思考に埋め込まれていて、実践場面での判断や行動に表れる、その道のプロらしい思考の枠組み〈物事を捉える教科固有のメガネ〈目の付け所〉と頭の働かせ方〉を指すものです。たとえば、英語教育で作成が進んでいる「CAN-DOリスト」についても、ドリル的な〝do〟ではなく、ゲーム的な〝do〟として作成されているかどうかを問うことが重要でしょう。

4 ルーブリックとは何か

パフォーマンス評価においては、客観テストのように、目標の達成・未達成の二分法で評価することは困難です。パフォーマンス課題への学習者の取り組みには多様性や幅が生じるため、教師による質的で専門的な判断に頼らざるをえません。よって、パフォーマンス評価では、主観的な評価にならないように、「ルーブリック（rubric）」と呼ばれる、パフォーマンスの質（熟達度）を評価する評価基準表を用いることが必要になります。

表8のように、ルーブリックとは、成功の度合いを示す三～五段階程度の尺度と、それぞれの段階に見られる認識や行為の質的特徴を示した記述語から成る評価基準表のことをいいます。また多くの場合、ルーブリックには各段階の特徴を示す典型的な作品事例も添付されます。典型的な作品事例は、教師や学習者がルーブリックの記述語の意味を具体的に理解する一助となります。

ルーブリックは、パフォーマンス全体をひとまとまりのものとして採点する「全体的ルーブリック」としても作成できますし、一つのパフォーマンスを、複数の観点で捉える「観点別ルーブリック」としても作成

表8　数学的問題解決に関する一般的ルーブリック（方略，推論，手続き）

熟達者	直接に解決に導く，とても効率的で洗練された方略を用いている。洗練された複雑な推論を用いている。正しく問題を解決し，解決結果を検証するのに，手続きを正確に適用している。解法を検証し，その合理性を評価している。数学的に妥当な意見と考えのつながりを作り出している。
一人前	問題の解決に導く方略を用いている。効果的な数学的推論を用いている。数学的手続きが用いられている。すべての部分が正しく，正解に達している。
見習い	部分的に有効な方略を用いているため，何とか解決に至るも，問題の十分な解決には至らない。数学的推論をしたいくつかの証拠が見られる。数学的手続きを完全には実行できていない。いくつかの部分は正しいが，正解には至らない。
初心者	方略や手続きを用いた証拠が見られない。もしくは，問題解決に役立たない方略を用いている。数学的推論をした証拠が見られない。数学的手続きにおいて，あまりに多くの間違いをしているため，問題は解決されていない。

※数学的問題解決の能力が，「場面理解」（問題場面を数学的に再構成できるかどうか），「方略，推論，手続き」（巧みに筋道立てて問題解決できるかどうか），「コミュニケーション」（数学的表現を用いてわかりやすく解法を説明できるかどうか）の三要素で捉えられている。ここでは「方略，推論，手続き」のみ示した。

［出典］Exemplars : We Set the Standards !
（http://www.exemplars.com/assets/files/math_rubric.pdf）

できます。一般に、全体的ルーブリックは、学習過程の最後の総括的評価の段階で全体的な判断を下す際に有効で、他方、観点別のルーブリックは、パフォーマンスの質を向上させるポイントを明示するものであり、学習過程での形成的評価に有効です。

認識や行為の質的な転換点を決定してルーブリックを作成する作業は、三、四名程度の採点者が集まって、一般的には次のような手順で進められます。①試行としての課題を実行し、できる限り多くの学習者の作品を集める。②観点の有無や何段階評価かを採点者間で確認しておく。③各人が作品を読み採点する。④次の採点者にわからぬよう付箋に点数を記して作品の裏に貼り付ける。⑤全部の作品を検討し終わった後で全員が同じ点数をつけたものを選び出す。⑥その作品を吟味し、それぞれの点数に見られる特徴を記述する。⑦点数にばらつきが生じたものについて、採点者間の観点等のズレを明らかにしつつ合意を形成する。

観点別で採点するかどうか、何段階で採点するかなどは状況に合わせて考えていけばよいでしょう。もちろん、表8のようなルーブリックのひな型や、他者が作成したルーブリックを使ったり、それまでの実践経験に基づく学習者の反応の予想をもとに教師一人でルーブリックを作成したりすることもできます。しかし、そうした方法で作成されたルーブリックについては、その仮説としての性格を自覚し、実際の学習者の作品をもとに再検討されねばなりません。事例に則して考えていくことは、規準に関する議論が空中戦（価値観のぶつけ合い）になるのを防ぐ意味でも有効です。さらに、クラス間、学校間で同じ課題を用い、それぞれの実践から生まれてきたルーブリックと学習者の作品を持ち寄って互いに検討する作業（モデレーション〈moderation〉）は、ルーブリックの信頼性（比較可能性）を高める上で有効です。

5　学習者のパフォーマンスの質をどう解釈・判断するか

たとえば、図9に示したような数学科（「相似」の単元）のパフォーマンス課題に対する生徒の作品をどう評価すればよいのでしょうか。この課題は、問題場面の中に何らかの形で直角三角形を見いだせれば解決の糸口はつかめますが、相似な二つの直角三角形を見いだせればよりシンプルに問題を解決することができます。多くの場合、単元の指導内容である「相似」関係を使って答えが出せていれば満点で、「相似」関係を使わない解き方だったり、計算が間違っていたりしたら減点する、あるいは、数値を入れて図形が描けていれば部分点を与えるといった具合に、回答類型やチェックリストを当てはめて評価がなされがちです。

しかし、こうした評価では、力試し的に「この問題」が解けたかどうか（思考の結果）を見るだけになり

図９　パフォーマンス課題（数学科）に対する生徒の作品例

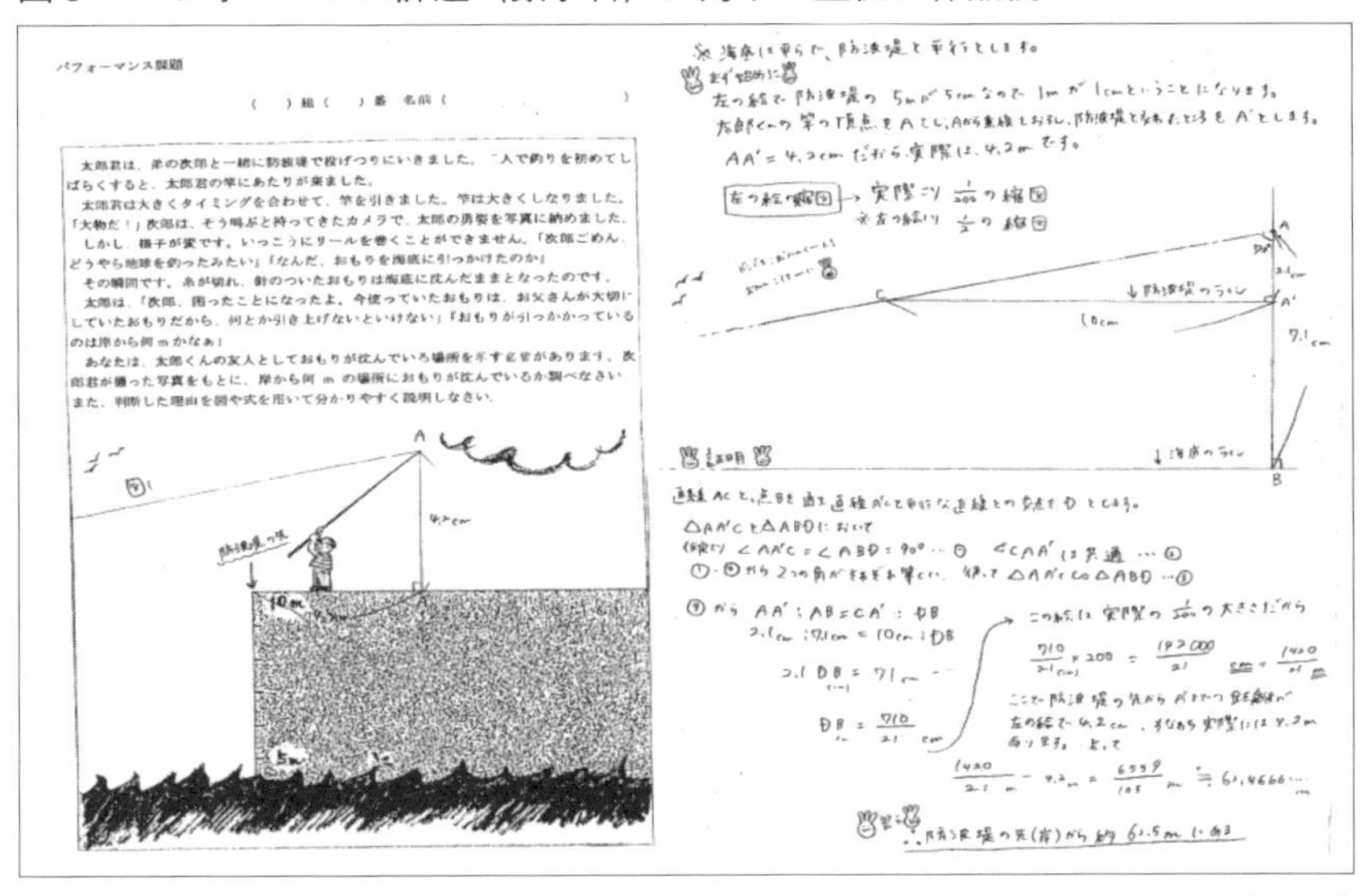

［出典］石井，2011b，49ページ。パフォーマンス課題は，神原一之氏（当時・広島大学附属東雲中学校教諭）が作成したものであり，作品は同校の３年生の生徒によるものである。

がちで、教師も学習者もその後に生かせるフィードバック情報を得ることはできません。全国学力テストの「活用」問題対策はこうした形に陥りがちです。これに対して、「この手の問題」が解けるためにさらに指導が必要なことは何なのか、どんな力をつけないといけないのかといった具合に、思考のプロセスに着目しながら学習者の思考の表現を解釈していくことで、パフォーマンス課題は、単なる力試し的な問題ではなく、長期的に知的・社会的能力を育てるものとして機能するようになります。

図９の生徒の作品例は、次のような数学的思考のプロセスを典型的に示しています。すなわち、「海底は平らで、防波堤と平行」だと仮定し、イラストに示された状況を数学的な問題としてシンプルに抽象化・定式化する（数学的モデル化）。三角形の相似条件や比の計算を駆使して問題解決する。そして、一連のプロセスを、図や数式を用い

表9　「相似」に関するパフォーマンス課題のルーブリック

	数学的モデル化	数学的推論
3―よい	相似な2つの直角三角形をつくり，必要な長さを記入できる。	無駄なく，飛躍なく説明でき，答えを求めることができている。
2―合格	必要な長さや角の大きさを測定し，直角三角形をつくることができる。	答えを求めることができているが，無駄や飛躍を一部含んでいる。
1―もう少し	必要な長さを測定できず，図がかけない。	解を求めることができていない。

［出典］神原一之氏が作成。

て順序立ててわかりやすく説明する。そこで、こうした思考のプロセスの節目に即して、たとえば表9のように、数学的モデル化と数学的推論の二つの観点でルーブリックを作成し、この作品を解釈するわけです。

思考過程に即して作成することで、ルーブリックは、「相似」の問題の回答の出来不出来を採点する基準であると同時に、数学的問題解決に取り組む際のポイント（「2」と「3」の違いになっている形容詞や副詞的な言葉に表れる）を示すものにもなっています。もっとシンプルに解ける問題の見立て方はないか、思考過程に無駄や飛躍はないかといった点が、日々の授業の中でも、課題横断的に領域横断的に教師と子どもに意識化されるわけです。

また、そうして思考過程に即して評価することで、教師が想定する「相似」を使った解き方でなくても、自分なりの方法で無駄なく飛躍なく解けておれば数学的推論の観点を独立に評価することも考えられるようになります。もちろん教師からすれば数学的に洗練した解法を要求したいところです。しかし、思考する意欲や態度を育てる上では、自分なりにこだわりをもって考えたことが評価される余地を残しておくことが重要です。内容だけでなく思考過程にも重きを置いて解釈することで、英語科のパフォーマンス評価（例：A市に仕事に来たアメリカ人に、電車の待ち時間の四五分で楽しめそうな観光スポットを紹介する）でも、単語や文法事項の正確さのチェックだけでなく、それらに少し誤りがあっても、自分の本当に伝えたいことを英語らしく伝えようとしているか、というプロセスに重きを置いた評価も可能になるでしょう（単語や文法事項については、ペーパーテストで確かめればよいでしょう）。

6　「学習としての評価」とはどのような考え方か

「思考する文化」に関わって述べたように、思考過程の真正性を追求すべく、課題や活動を設計したとしても、実際に学習者が学習の深さを厳しく追求しようとするとは限りません。思考過程の真正性は、学習者自身が学習をどう捉え、どのように学習過程をメタ認知的に自己調整しているかによって規定されます。そして、そうした学習者の学習観や自己学習・評価のあり方は、彼らの教室での評価のされ方によって形作られます。たとえば、評価課題の文脈が実生活に即したものになっていることは、そのこと自体が測ろうとしている学力観を暗示しており、学習者の日々の学習への姿勢を方向づけることになります。創造的な授業が育む本物の学力を把握するためだけでなく、そうした本物の学力を真に形成するためにも、授業改革は、評価の問い直しにまで至らなければならないのです。

さらに、表10に示したように、英米の形成的評価の研究においては、教師のみならず、学習者自身が評価を生かして、自らの学習の「舵取り」をすることの意義が強調されています（学習としての評価）。たとえば、美術の時間に絵を描いている子どもに、「上手に描けているね。でもここをこうしたらもっとよくなるよ」

表 10　教育における評価活動の三つの目的

アプローチ	目的	準拠点	主な評価者	評価規準の位置づけ
学習の評価（assessment of learning）	成績認定，卒業，進学などに関する判定（評定）	他の学習者や，学校・教師が設定した目標	教師	採点基準（妥当性，信頼性，実行可能性を担保すべく，限定的かつシンプルに考える）
学習のための評価（assessment for learning）	教師の教育活動に関する意思決定のための情報収集，それに基づく指導改善	学校・教師が設定した目標	教師	実践指針（教師間で指導の長期的な見通しを共有できるよう，客観的な評価には必ずしもこだわらず，指導上の有効性や同僚との共有可能性を重視する）
学習としての評価（assessment as learning）	学習者による自己の学習のモニタリングおよび，自己修正・自己調整（メタ認知）	学習者個々人が設定した目標や，学校・教師が設定した目標	学習者	自己評価のものさし（学習活動に内在する「善さ」〈卓越性の判断規準〉の中身を，教師と学習者が共有し，双方の「鑑識眼」〈見る目〉を鍛える）

［出典］Earl, 2003, 26 ページに筆者が加筆。

といった具合に教師が助言したとしても、子ども自身が自分の絵のどこがどういいのか、どこに改善の余地があるのかを理解できているとは限りません。そうすると、その絵は上手に描けても、子どもの絵を描く力の育ちにはつながっていかない可能性が出てくるのです。

子ども自身が自らのパフォーマンスの善し悪しを判断していけるようにするには、授業後の振り返りや感想カード等により学習の意味を事後的に確認、納得、発見するのでは不十分です。学習の過程において、目標・評価規準、および、それに照らした評価情報を、教師と学習者の間で共有すること、それにより目標と自分の学習状況とのギャップを自覚し、それを埋めるための改善の手立てを学習者自らが考えるのを促すことが必要となります。作品の相互評価の場面で、また日々の教室での学び合いや集団討論の場面で、よい作品や解法の具体的事例に則して、パフォーマンスの質について議論する。そして、どんな観点を意識しながら、どんな方向性をめざして学習するのかといった各教科の卓越性の規準を、教師と学習者の間で、あるいは学習者間で、教師が想定した規準自体の問い直しも視野に入れて、対話的に共有・共創していくわけです。

表10でまとめているように、ルーブリックのあり方は、評価の目的に応じて変わってきます。ルーブリックが示すパフォーマンスの質の違いについては、たとえば、ポイントとなるキーワードや考え方がいくつ含まれているかといった、量的あるいは形式的な軸を設定することもできます（他者の助けを借りてできる段階から独力でできる段階へといった軸が立てられることもありますが、それは他者のサポートや教師の指導を受けることを避ける傾向を学習者に生み出す危険性があります）。パフォーマンス課題を使って「評定」（学習の評価：総括的評価）を行うだけならば、こうした評価軸の立て方の方が、客観的かつ効率的に採点するのに便利かもしれません。しかし、教師が評価を指導に生かしたり（学習のための評価）、学習者自身が評価を自らの学習に生かしたり（学習としての評価）といった形成的評価のためには、パフォーマンスの量的な違いではなく質的な違いに注目する必要があります（Burke, 2006）。

たとえば、「引用」という技能に関するルーブリックの段階を、引用や文献目録の数で設定した場合、学習者は、引用の数にこだわるようになります。しかし、引用の技能の評価は、引用の中身や論証上の位置づけの妥当性によってなされるべきでしょう。ゆえに、「よい」引用とはどのようなものかといった技能の本質を問い、たとえば「説得力を高める」といった評価軸を明確化することが重要となります。ルーブリックが、パフォーマンスの卓越性の規準を示すものとなることで、学習者の学習への意識も、数を求めるゲーム（「5」を取るにはいくつの引用が必要か）から、質を求めるゲーム（この引用は私の主張を証明するのに役立つか）

に転換し、より卓越したパフォーマンスに向けて自己評価していくことが促されるのです。

試合、コンペ、発表会など、現実世界の真正の活動には、その分野の実力を試すテスト以外の舞台（見せ場〈exhibition〉）が準備されています。パフォーマンス評価のポイントの一つは、こうしたテスト以外の「見せ場」を教室に創り出すことにあります。既存の学校カリキュラムの中にも、体育祭・文化祭や「総合的な学習の時間」の発表会などに、そうした「見せ場」を見いだすことができるでしょう。教師やクラスメート以外の聴衆（他学年の子ども、保護者、地域住民、専門家など）の前で学習の成果を披露し、学校外のプロの規準でフィードバックを得る機会が設定され、それが学習者にも「見せ場」として意識される。これにより、学習者の責任感と本気の追究が引き出されるでしょう。何より、そういった場面でプロの規準（専門家コミュニティーにおける真理や価値の判断規準）を体得し、自己評価のものさしを豊かにすることで、教師から価値づけられなくても、学習者が自分自身で自律的に学習を進めていくこと、さらには学習者が学校教育を学び超えていく可能性も生まれるのです。

7　パフォーマンス課題をカリキュラムの中にどう位置づけるか

すでに述べたように、「使える」レベルの思考を求めるパフォーマンス課題は、毎時間ではなく重点単元や学期の節目で折りに触れて取り組むことが有効です。定期テストでパフォーマンス課題を意識した記述式問題やレポート課題を課したりすることから始めるのは一つの方法です。しかし、指導の機会を欠いて、パフォーマンス課題が一過性の「力試し」に陥らないためには、評価を外付けにするのでなく、授業や学習の中に埋め込んでいくことを考えていく必要があります。

たとえば、栄養学の単元で、単元末にバランスの取れた食事を計画する課題に取り組むことを意識しながら、必要な知識・技能の学習に取り組んでいく。その際、「健康的な食事とは何か」という問いを設定する。子どもたちは、自分の家族の食事を分析してその栄養価を改善するための提案をしたり、校外学習キャンプの食事計画を立てたりする課題を遂行する際にその問いを繰り返し問う。こうして問いに対する自分なりの答えを洗練していくことで、栄養についての概念やバランスの取れた食事の構成要素などについての深い理解を達成する（パーツ組み立て型）。あるいは、説得力のある文章を書く単元で、四つの文章の導入部分の事例に関して、どれが一番よいか、その理由は何かという点を、単元の始めに子ども同士で議論する。こうして、よい導入文の条件を整理し、自分たちの作ったルーブリックを念頭に置きながら、説得力のある文章を書く活動に取り組んでいく（繰り返し型）。このように、豊かな評価課題を軸に単元を構成するわけです（西岡、二〇〇八）。

授業や学習の中に埋め込まれることで、パフォーマンス課題は、評価課題であると同時に学習課題でもあるという二重性を帯びることになります。学習課題としての性格を強調すると、作品制作過程での教師の指導、子どもたち同士の共同を重視することになります。しかしそうすると、課題に対するパフォーマンスは、個人に力がついたことの証明とはなりにくいという問題が生じます。この点に関しては、たとえば、大学の卒業論文の評価において、口頭試問が行われるように、「作品の共同制作＋個々人による作品解説」、「共同での作品発表＋（作品発表に対するフィードバックをふまえた）個々人による改訂版の作成」といった具合に、共同作業と個人作業の両面を保障することで、評価課題と学習課題のバランスをとることができるでしょう。

こうして、折に触れてパフォーマンス課題に取り組む機会を設けるとともに、そこでの子どもたちの知的・社会的能力の育ちを、その個人差にも配慮しながら長期的に継続的に評価していくシステムを構築していくことが必要です。そのためにはまず、観点によって評価の方法のみならず、評価のタイミングも変えていくことが求められます。「知識・理解」「技能」については、授業や単元ごとの指導内容に即した「習得目標」について、理解を伴って習得しているかどうか（到達・未到達）を評価する（項目点検評価）。一方、「思考・判断・表現」については、その長期的でスパイラルな育ちの水準を段階的な記述（熟達目標）の形で明確化し、重要単元ごとに類似のパフォーマンス課題を課すなどして、学期や学年の節目で、知的・社会的能力の洗練度を評価するわけです（水準判断評価）。

たとえば、社会科で単元で学んだ内容を振り返り総合的にまとめ直す「歴史新聞」を重点単元ごとに書かせることで、概念を構造化・体系化する思考の長期的な変化を評価する。あるいは、数学科で学期に数回程度、現実世界から数学的にモデル化する思考を伴う問題解決に取り組ませ、思考の発達を明確化した一般的ルーブリックを一貫して用いて評価することで、数学的モデル化や推論の力の発達を評価するわけです（表11）。国語科や英語科などの言語能力の育ちに関しては、習字や武道の「段」や「級」の発想で、高校二年生ならレベル2～4を、高校三年生ならレベル3～5をめざすといった形で、長期的ルーブリックを開発し、高校二年生でレベル3まで達成できなかったけれど、高校三年生で達成できるようになったといった具合に、子どもたちの育ちを学年を超えてサポートしていくことが有効でしょう（表12）。

その際、評価基準は実践を通して練り直されていくものと捉えるとよいでしょう。思考力・判断力・表現力、特に「使える」レベルのそれについては、学びの機会、およびそれが可視化される機会が十分に保障さ

表 11　中学校数学科の学力評価計画

観点			評価基準					
指導要録の観点	問題解決過程に着目した観点		1	2	3	4	5	
数学への関心・意欲・態度	数学観	数学的な事象に関心をもつとともに，数学的活動の楽しさ，数学的見方や考え方のよさを知り，それらを事象の考察に進んで活用しようとする。	数量や図形などに関心が低く，苦手意識を克服できない状態である。	数量や図形などに関心はあるが，継続して意欲的に活動できない。	数量や図形などに関心をもち，意欲的に活動できる。	数量や図形などについて高い関心をもち，数学的活動の楽しさやよさを知っている。	数量や図形などについて高い関心をもち，数学的活動の楽しさやよさを知り，意欲的に問題の解決に活用している。	
数学的な見方・考え方	数学的モデル化	事象に潜む関係や法則を見いだし，単純化や理想化などの定式化を施し，数学を使いやすい場面に移す。	具体的な場面の中で，数学の要素を見つけることができない。	具体的な場面の中で，数学の要素を見つけて，数学の問題にしようとするができない。	具体的な場面の中で，数学の要素を見つけて，数学の問題にすることができる。	具体的な場面の中で，数学の要素を見つけて，数学の問題に正しくすることができる。	具体的な場面を正しくモデル化し，より一般化し洗練したモデルをつくることができる。	水準判断評価
	数学的推論	定式化されたものを見通しをもち，数学的な推論の方法を用いて論理的に考察し，結果を振り返りその有効さを検討する。	見通しがもてず，状況に応じた推論を選択できない。	状況に応じた推論の方法を選択できるが，結論までたどり着かない。	状況に応じた推論の方法を選択できるが，ある部分で結論に飛んでいる。	状況に応じた推論の方法を選択し，結論まで説明する。	状況に応じた推論の方法を選択し，結論まで説明し，結果の妥当性を確かめることができる。	
	数学的コミュニケーション	数理的な事象を，図，表，数，式，また言葉など多様な表現・表記を活用して表現する。また，解決の理由や探究の仕方を数学的な表現を用いて述べる。	自分の考えを述べることができない。また，他の人の意見を聴くことができない。	自分の考えを述べたり，聴いたりすることができる。	相手を意識して，自分の考えを述べたり，聴いたりすることができる。	相手を意識して自分の考えをわかりやすく述べたり，自分の考えと関連づけながら聴くことができる。	相手を意識して自分の考えをわかりやすく述べたり，自分の考えと関連づけながら聴くことができたりするだけでなく，さらに自分の意見を明瞭に述べることができる。	
数量・図形などについての技能	数学的な技能（表現・処理）	数の計算，目的に応じた式の変形や方程式の解を求めることができる。	式を計算したり，方程式を解いたりしたとき，正答率が 55%未満である。	55%以上の正答率で，計算したり，方程式を解いたりすることができる。	65%以上の正答率で，計算したり，方程式を解いたりすることができる。	75%以上の正答率で，計算したり，方程式を解いたりすることができる。	85%以上の正答率で，能率的に計算したり，方程式を解いたりすることができる。	項目点検評価
数量・図形などについての知識・理解	数学的な概念	数量や式に関する基礎的な概念や原理・法則などについて理解し，知識を身につけている。	数量や式に関する基礎的な概念や原理・法則などについて 55%程度未満しか理解されていない。	55%程度以上数量や式に関する基礎的な概念や原理・法則などについて理解し，知識を身につけている。	65%程度以上数量や式に関する基礎的な概念や原理・法則などについて理解し，知識を身につけている。	75%程度以上数量や式に関する基礎的な概念や原理・法則などについて理解し，知識を身につけている。	85%程度以上数量や式に関する基礎的な概念や原理・法則などについて理解し，知識を身につけている。	

［出典］石井，2011b，127 ページの学力評価計画の表（神原一之氏作成）から観点と評価基準のみ抜粋するとともに，若干の加筆･修正を行った。なお，この学力評価計画のフォーマットは，西岡・田中，2009 を基にしている。

表 12　京都府立園部高等学校英語科の評価基準（長期的ルーブリック）

京都府立園部高等学校　英語 6 年間 Assessment Grid　2013 年度版

<table>
<tr><td colspan="2" rowspan="12">1 年間にめざす学力推移</td><td></td><td></td><td></td><td></td><td colspan="2">一貫コース高校 3 年</td></tr>
<tr><td></td><td></td><td></td><td colspan="2">一貫コース高校 2 年</td><td></td></tr>
<tr><td></td><td></td><td colspan="2">一貫コース高校 1 年</td><td></td><td></td></tr>
<tr><td></td><td></td><td colspan="2">一貫コース中学 3 年</td><td></td><td></td></tr>
<tr><td></td><td colspan="2">一貫コース中学 2 年</td><td></td><td></td><td></td></tr>
<tr><td colspan="2">一貫コース中学 1 年</td><td></td><td></td><td></td><td></td></tr>
<tr><td></td><td></td><td></td><td colspan="3">普通科 SA・京都国際科 3 年</td></tr>
<tr><td></td><td></td><td colspan="3">普通科 SA・京都国際科 2 年</td><td></td></tr>
<tr><td></td><td colspan="3">普通科 SA・京都国際科 1 年</td><td></td><td></td></tr>
<tr><td></td><td></td><td colspan="3">普通科 SB3 年</td><td></td></tr>
<tr><td></td><td colspan="3">普通科 SB2 年</td><td></td><td></td></tr>
<tr><td colspan="3">普通科 SB1 年</td><td></td><td></td><td></td></tr>
<tr><td colspan="2">習熟段階</td><td>1</td><td>2</td><td>3</td><td>4</td><td>5</td><td>6</td></tr>
<tr><td rowspan="2">理解</td><td>Reading</td><td>身近な名詞がわかる。ごく短い文が理解できる。</td><td>高頻度語で書かれたやさしいテキストが読める。日常生活の広告や時刻表の中から必要な情報が読み取れる。</td><td>文の主述をつかめる。さまざまな分野の現代的な問題（言語・学習・科学・環境・社会）の文を辞書を使いながら読める。</td><td>複文構造を理解し，前から読み進めることができる。物語文をどんどん読める。評論文の論旨の展開が理解できる。英字新聞など辞書と注釈があれば読める。</td><td>長い文学作品が読める。自分の興味のある分野の専門用語を含む文が読める。英字新聞や英語サイトを辞書があれば読める。</td><td>辞書を使って専門的な論文が読める。英字新聞や英語サイトを読める。</td></tr>
<tr><td>Listening</td><td>授業で何度も使う表現や語句を聞き分けることができる。</td><td>自分の家や家族や直接関係する身の回りの具体物について，人がゆっくりはっきりしゃべってくれたら，なじみのある語や基礎的な句を認識できる。</td><td>学習したテーマに関する質問を聞いてわかる。またそのテーマに関するメッセージや読まれた文の内容を聞いて理解することができる。</td><td>学習したテーマに関する短い，簡単なニュース，メッセージがゆっくりはっきり読まれたとき，メインポイントを聞き取ることができる。</td><td>ゆっくりはっきり読まれたテレビの番組やニュースのポイントが聞いてわかる。</td><td>長いスピーチや講義を聴いてわかる。知っているトピックなら論理が多少複雑でも理解できる。テレビや時事番組の大部分が聴いてわかる。方言スラングの多くない映画ならほとんど理解できる。</td></tr>
<tr><td>表現</td><td>Writing</td><td>アルファベットで自分の名前が書ける。練習した短文が書ける。</td><td>文法的な間違いを含みつつも，簡単な日記などの短文を書くことができる。既習の語を使って短文を書くことができる。</td><td>学習したテーマ及び自分の興味のあることについて簡単な感想や意見を書くことができる。</td><td>興味のある幅広い分野に関して，理由や説明文などを加えて，意見や感想を書くことができる。</td><td>幅広い分野に関して，理由や説明文を加え，パラグラフ構成が整ったある程度の長さの文章を書くことができる。</td><td>しっかりした論理構成で，アカデミックな題材の小論文や報告を書くことができる。</td></tr>
</table>

表現						
Oral Communication	自分の名前，住んでいる都市などを言える。	簡単な文を使って自己紹介と家族・学校部活動などの紹介をすることができる。	自分の町，知っている人々のことを簡単に述べることができる。	文をいくつか効果的に組み合わせて経験，夢などについて述べることができる。	自分の好みや意見を理由をつけて述べることができる。テーマに基づいてまとまったスピーチをできる。	自分の興味のある分野でのさまざまな話題について，視点を明確に，説得力を持って，発表することができる。
	練習して発話できる。相手が繰り返してくれて身振り手振りがあると理解できる。	話を聞こうとして耳を傾けてくれて，たどたどしく発話するのを援助してくれる相手であれば，ごく簡単で必要なことを質問したり，質問に答えたりすることができる。	学習したテーマ及び身近な事柄について情報のやり取りをすることができる。しかし会話を長く続けることはできない。	英語が話されている地域へ旅行する際に出会うさまざまな場面で，辞書の力を借りて情報の入手と意思の伝達を行うことができる。	自分の興味のあることや生活圏内の事柄（趣味・家族・出来事など）について，なされる会話に参加できる。	英語のネイティブスピーカーに対してごく自然かつ自発的に会話をすることができる。身近な場面で，ある事柄について自分の意見を説明したり主張したりしながら会話に積極的に参加することができる。

［出典］西岡, 2014, 86-87ページ。文法事項などの「知識」に関わる到達目標も示されているが，長期的ルーブリックのみ抜粋。同校の評価基準開発の経緯・背景や基本的な考え方については，田中，2012 を参照。

れているわけではありません。ゆえに、最初から基準を確定させて評価するというよりも、それまでに学んだ内容を総合せねば解けない挑戦的な課題を子どもたちにやらせてみる（試してみる）ことがまずは重要です。その上で、そこで表出・表現された子どもたちの作品事例を研究し、指導事項や評価基準を創出するわけです。授業や単元レベルではなく学期の節目で総括する発想に立つからこそ、思考力・判断力・表現力の指導の見通しを実験的にボトムアップに明らかにしつつ、子どもたちを伸ばしていく姿勢が求められます。

高等教育のユニバーサル化の中で、現行の高大接続のシステムでは、最低限の学力、および大学やキャリア（職業や仕事）への能力面でのレディネスも十分に保障できていないことが問題視されています。学習者個々人の学習や能力のプロフィールと大学が求める能力・水準との適切なマッチングを促す、資格試験型の高大接続のシステムを構想していくことが今求められているのです。そうしたシステムを実現していく上で、内容の習得状況を見る客観テストに加え、パフォーマンス課題への取り組みなどの学びの履歴を、さらには

「総合的な学習の時間」での試行錯誤を含んだ息の長い学びの履歴を、ポートフォリオに蓄積し、それを選抜・選考の資料としていく可能性も模索される必要があるでしょう。ただし、そうしたパフォーマンス評価を軸にした接続システムを構築するには、丁寧な選考のシステムを担う専門部署の設置、教師の評価リテラシーを育む研修の機会の充実など、条件整備が欠かせません。

コンピテンシー・ベースのカリキュラムをうたい、子どもたちや学校現場に対して学力面の要求水準を上げるなら、行政や社会の側も、それを実現するための有形・無形の条件整備面の責任を引き受けることが求められます。特に、子どもたちに創造的な学習の機会を保障するには、教師たちにも創造的な教育実践を展開できる専門職としての自由や余裕が保障されねばならないでしょう。ところが現在、学力テストの結果（点数）という見えやすい成果で、子どものみならず教師や学校も値踏みされる事態が進行し、学校現場は萎縮しています。「コンピテンシー・ベースのカリキュラム改革」は、そうした現在の競争的で管理的な評価システムを強化する方向ではなく、むしろ学校現場の教師たちの共同的で自律的な仕事を尊重する方向での評価システムの問い直しとセットで展開される必要があるのです[1]。

（1）教室での日常的な教育実践の論理を尊重する評価システムの形については、石井、二〇一一a、補論、石井、二〇一三を、そして、「教科する」授業などの質の高い実践を展開できる教師教育のヴィジョンについては、石井、二〇一四a、二〇一四bを参照。

おわりに

社会システムの際限なき複雑化が進む現代においては、人間の能力とその開発可能性に熱いまなざしが注がれ、一人ひとりの人間により高い要求が突きつけられています。それと関わって、現代ほど「教育」という営みを万能薬のように捉えている時代はないでしょう。これをすれば「絶対音感」が、「コミュニケーション能力」が、「批判的思考力」が身につく。そんな語りが流布しています。その一方で、現代ほど学校や教師に対する尊敬の念が薄れ、むしろ不信感が高まっている時代もないでしょう。現在の学校教育をめぐる困難は、教育万能論と学校不信とが同居する状況において、しかも人が育つ土台（家庭や地域の共同的な関係性や文化）が掘り崩されつつある中で、今までにない高度で複雑な能力を育てることが切実に求められている点にあります。

こうした状況の中で、「文化を介した教師と子どものコミュニケーション」という、教育という営みの基本的な性格を確認しておく必要があるように思います。人間が直接人間を教育する（変える）のではなく、本質的には、有形無形の「文化」との出会いと対話が人間を育てるのです。教師はその出会いと対話の過程に助成的に介入しているにすぎません。この点を忘れて教育から文化が抜け落ちてしまったならば、そこには人間の人間に対する操作しか残らないでしょう。

「衝動性」などの問題行動につながりやすい人格特性を、個人の心理的要因、さらには遺伝子レベルでの生理学的要因に還元して捉え、メンタルトレーニングや投薬といった直接的介入によって変容させようとする議論も見られますが、それは教育というより操作というべきものでしょう。クラスメートとともにさまざまな文化的活動に参加し、そこで言葉の力を育て、他者との関係性を構築していく中で、結果として衝動性が弱まり、考えて行動できるようになる。そうした回り道にも見える営みに対する社会の寛容性が試されているように思います。コンピテンシーの育成は、その構成要素自体を直接訓練するのではなく、豊かな学習活動を通して結果として育むべきという本書で繰り返し指摘してきた主張は、こうした問題意識に基づいています。

経済的合理性や効率性といった規範が、あらゆる領域に当てはめられる中で、「無駄」をいかに切り詰めるかに人々の努力は集中しがちです。しかし、「無駄」を惜しむばかりに「手間」を惜しんでいては人は育ちません。無駄と手間とを見極めることは難しい問題ですが、即時的な効率性だけでなく、長い目で実質的な意味を考えていくこと、一見無駄に見えることの意味について立ち止まって考える思慮深さが必要でしょう。たとえば、アクティブに活動や発言をしていることにしか思考は見いだせないのでしょうか。実は、質問されてウッと詰まったその一瞬の間や沈黙の中に猛烈な思考が起こっていることもあるのではないでしょうか。現代を生きる子どもたちと大人たちに真に求められるのは、見た目のわかりやすさの陰で見落とされがちな見えないものの価値にも光を当てられる、想像力や思慮深さではないでしょうか。

最後に、本書の出版にあたっては、企画の段階から編集・刊行にいたるまで、日本標準の郷田栄樹氏に多大なご支援をいただきました。ここに記して、心より感謝します。

二〇一四年一二月

石井英真

引用・参考文献

新井紀子（二〇一〇）『コンピュータが仕事を奪う』日本経済新聞出版社

アンソニー・ギデンズ／佐和隆光訳（二〇〇一）『暴走する世界――グローバリゼーションは何をどう変えるのか』ダイヤモンド社（Anthony Giddens (2000) *Runaway World : How Globalization Is Reshaping Our Lives*, Routledge）

「育成すべき資質・能力を踏まえた教育目標・内容と評価の在り方に関する検討会―論点整理―」（二〇一四年三月）

石井英真（二〇〇八）「学力を育てる授業」田中耕治・井ノ口淳三編著『学力を育てる教育学』八千代出版

石井英真（二〇一〇）「学力論議の現在――ポスト近代社会における学力の論じ方」松下佳代編著『〈新しい能力〉は教育を変えるか―学力・リテラシー・コンピテンシー―』ミネルヴァ書房

石井英真（二〇一一a）『現代アメリカにおける学力形成論の展開―スタンダードに基づくカリキュラムの設計―』東信堂

石井英真編（二〇一一b）『「教科する」授業をめざす中学校教育のデザイン―パフォーマンス評価を通して授業とカリキュラムを問い直す―』（科学研究費補助金　中間報告書）

石井英真（二〇一二a）「学力向上」篠原清昭編著『学校改善マネジメント――課題解決への実践的アプローチ』ミネルヴァ書房

石井英真（二〇一二b）「算数・数学教育の立場から―『数学する活動』を軸にした目標と評価のあり方―」『教育目標・評価学会紀要』第22号

石井英真（二〇一三）「現代日本の学力向上政策の検討―『スタンダードに基づく教育改革』の日本的特質―」『日本デューイ学会紀要』第５４号

石井英真（二〇一四a）「教員養成の高度化と教師の専門職像の再検討」『日本教師教育学会年報』第２３号

石井英真（二〇一四b）「授業研究を問い直す――教授学的関心の再評価」日本教育方法学会編『教育方法４３　授業研究と校内研修―教師の成長と学校づくりのために』図書文化

市川昭午（二〇〇〇）『未来形の教育―21世紀の教育を考える―』教育開発研究所

今泉博（二〇〇二）『集中が生まれる授業――子どもが意欲的になるちょっとした工夫』学陽書房

奥村弘二（二〇〇五）「未知への挑戦―意欲と科学観の解放―」川勝博編著『授業づくりで変える高校の教室④　理科』明石書店

加藤公明（一九九一）『わくわく論争！　考える日本史授業――教室から「暗記」と「正答」が消えた』地歴社

グラント・ウィギンズ&ジェイ・マクタイ／西岡加名恵訳（二〇一二）『理解をもたらすカリキュラム設計――『逆向き設計』の理論と方法』日本標準（Grant Wiggins and Jay McTighe (2005) *Understanding by Design Expanded 2nd Edition*, ASCD）

経済産業省編／河合塾制作・調査（二〇一〇）『社会人基礎力育成の手引き――日本の将来を託す若者を育てるために』朝日新聞出版

国立教育政策研究所（二〇一三）『教育課程の編成に関する基礎的研究　報告書５　社会の変化に対応する資質や能力を育成する教育課程編成の基本原理（改訂版）』

子安潤（二〇一三）『リスク社会の授業づくり』白澤社

志水宏吉・高田一宏編著（二〇一二）『学力政策の比較社会学・国内編――全国学力テストは都道府県に何をもたらしたか』明石書店

田中耕治（二〇〇八）『教育評価』岩波書店

田中耕治編著（二〇一一）『パフォーマンス評価――思考力・判断力・表現力を育む授業づくり』ぎょうせい

田中容子（二〇一二）「『逆向き設計』で柔軟な授業作りを実現する――京都府立園部高等学校英語科における取り組み」『教育目標・評価学会紀要』

第22号
ドミニク・S・ライチェン&ローラ・H・サルガニク／立田慶裕監訳（二〇〇六）『キー・コンピテンシー――国際標準の学力をめざして』明石書店（Dominique Simone Rychen and Laura Hersh Salganik eds. (2003) *Key Competencies for A Successful Life and A Well-functioning Society*, Hogrefe & Huber）
奈須正裕・久野弘幸・齊藤一弥編著（二〇一四）『シリーズ新しい学びの潮流① 知識基盤社会を生き抜く子どもを育てる―コンピテンシー・ベイスの授業づくり』ぎょうせい
西岡加名恵編著（二〇〇八）『「逆向き設計」で確かな学力を保障する』明治図書
西岡加名恵・田中耕治編著（二〇〇九）『「活用する力」を育てる授業と評価 中学校――パフォーマンス課題とルーブリックの提案』学事出版
西岡加名恵・石井英真・川地亜弥子・北原琢也（二〇一三）『教職実践演習ワークブック―ポートフォリオで教師力アップ―』ミネルヴァ書房
西岡加名恵（二〇一四）「『逆向き設計』に基づくカリキュラム改善」日本教育方法学会編『教育方法43 授業研究と校内研修――教師の成長と学校づくりのために』図書文化
西林克彦（一九九四）『間違いだらけの学習論――なぜ勉強が身につかないか』新曜社
パトリック・グリフィン、バリー・マクゴー、エスター・ケア編／三宅なほみ監訳（二〇一四）『21世紀型スキル―学びと評価の新たなかたち―』北大路書房（Patrick Griffin, Barry McGaw, and Esther Care eds. (2011) *Assessment and Teaching of 21st Century Skills*, Springer）
堀哲夫編著（一九九八）『問題解決能力を育てる理科授業のストラテジー――素朴概念をふまえて』明治図書
本田由紀（二〇〇五）『多元化する「能力」と日本社会――ハイパー・メリトクラシー化のなかで』ＮＴＴ出版
麻柄啓一（二〇〇二）『じょうずな勉強法――こうすれば好きになる』北大路書房
松下佳代編著（二〇一〇）『〈新しい能力〉は教育を変えるか―学力・リテラシー・コンピテンシー―』ミネルヴァ書房
Burke, K. (2006) *From Standards to Rubrics in 6 Steps*, Corwin Press
Earl, L. M. (2003) *Assessment as Learning: Using Classroom Assessment to Maximize Student Learning*, Corwin Press
Marzano, R. J. (1992) *A Different Kind of Classroom: Teaching with Dimensions of Learning*, ASCD

●**著者紹介**

石井英真（いしい　てるまさ）

京都大学大学院教育学研究科准教授，博士（教育学）

中央教育審議会初等中等教育分科会教育課程部会「児童生徒の学習評価に関するワーキンググループ」委員（2017〜2018 年）

主な著書に，『現代アメリカにおける学力形成論の展開』（単著，東信堂），『時代を拓いた教師たち』Ⅰ・Ⅱ（共著，日本標準），『小学校発 アクティブ・ラーニングを超える授業』，『教師の資質・能力を高める！ アクティブ・ラーニングを超えていく「研究する」教師へ』，『教科の「深い学び」を実現するパフォーマンス評価』（以上，編著，日本標準），『中教審「答申」を読み解く』（単著，日本標準），『〈新しい能力〉は教育を変えるか』，『教職実践演習ワークブック』（以上，共著，ミネルヴァ書房），『新しい教育評価入門』（共著，有斐閣），『中学校「荒れ」克服 10 の戦略』（共著，学事出版），『［Round Study］教師の学びをアクティブにする授業研究』，『授業改善 8 つのアクション』（以上，編著，東洋館出版社）など

日本標準ブックレット No.14

今求められる学力と学びとは

—コンピテンシー・ベースのカリキュラムの光と影—

2015 年 2 月 5 日　第 1 刷発行
2024 年 5 月 25 日　第 8 刷発行

著　者　石井英真

発行者　河野晋三

発行所　株式会社 日本標準

〒 350-1221　埼玉県日高市下大谷沢 91-5

Tel 04-2935-4671　Fax 050-3737-8750

URL https://www.nipponhyojun.co.jp/

デザイン・制作　有限会社 トビアス

印刷・製本　株式会社 リーブルテック

ISBN 978-4-8208-0582-3

「日本標準ブックレット」の刊行にあたって

日本国憲法がめざす理想の実現は、根本において教育の力に待つべきものとして教育基本法が制定され、戦後日本の教育ははじまりました。以来、教育制度、教育行政や学校、教師、子どもたちの姿など、教育の状況は幾多の変遷を経ながら現在に至っていますが、その中にあって、日々、目の前の子どもたちと向き合いながら積み重ねてきた全国の教師たちの実践が、次の時代を担う子どもたちの健やかな成長を助け、学力を保障しえてきたことは言うまでもないことです。

しかし今、学校と教師を取り巻く環境は、教育の状況を越えて日本社会それ自体の状況の変化の中で大きく揺れています。教育の現場で発生するさまざまな問題は、広く社会の関心事にもなるようになりました。競争社会と格差社会への著しい傾斜は、家庭や地域社会の教育力の低下をもたらしています。学校教育や教師への要望はさらに強まり、向けられるまなざしは厳しく、求められる役割はますます重くなってきているようです。そして、教師の世代交代という大きな波は、教育実践の継承が重要な課題になってきていることを示しています。

このような認識のもと、日本標準ブックレットをスタートさせることになりました。今を生きる教師に投げかけられている教育の課題は多種多様です。これらの課題について、時代の変化に伴う新しいテーマと、いつの時代にあっても確実に継承しておきたい普遍的なテーマを、教育に関心を持つ方々にわかりやすく提示しようというものです。このことによって教師にとってはこれからの道筋をつける手助けになることを目的としています。

このブックレットが、読者のみなさまにとって意義のある役割を果たせることを願ってやみません。

二〇〇六年三月　日本標準ブックレット編集室